사이코패스와
나르시시스트

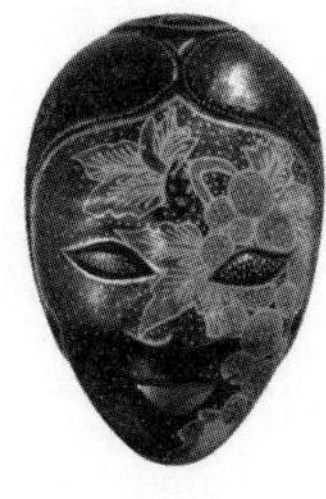

"**어떻게** 저런 사람이 이 세상에 존재할 수 있을까?"

사이코패스와 나르시시스트

김태형

세창미디어 MEDIA

심리학교양서 ❸

사이코패스와 나르시시스트

초판 1쇄 발행 2009년 12월 10일
초판 4쇄 발행 2023년 3월 10일

—

지은이 김태형
펴낸이 이방원

책임편집 정우경　　**책임디자인** 손경화
마케팅 최성수·김 준　　**경영지원** 이석원·이병은

—

펴낸곳 세창미디어
　　신고번호 제2013-000003호　　**주소** 03736 서울시 서대문구 경기대로 58 경기빌딩 602호
　　전화 723-8660　**팩스** 720-4579　**이메일** edit@sechangpub.co.kr　**홈페이지** http://www.sechangpub.co.kr
　　블로그 blog.naver.com/scpc1992　**페이스북** fb.me/Sechangofficial　**인스타그램** @sechang_official

—

ISBN　978-89-5586-100-6　03180

ⓒ 김태형, 2009

심각한 병에 걸린 이는 본인뿐만 아니라 주위사람들도 크건 작건 힘들게 한다. 마음의 병도 마찬가지여서 정신적으로 문제가 있는 이는 이웃과 사회에 이런저런 고통을 안겨주게 마련이다. 그 중에서도 타인과 사회를 지속적으로 괴롭히고 파멸적인 악영향을 미치는 정도로 순위를 매긴다면 '사이코패스와 나르시시스트'는 단연코 선두권에 속할 것이다.

나르시시스트나 사이코패스를 만나 참담한 불행과 고통을 겪었던 사람들은 마침내 울분에 가득 차 이렇게 외친다. "어떻게 저런 사람이 이 세상에 존재할 수 있을까?" 비통한 탄식이 말해주듯 이 두 가지 인격장애자는 보통 사람들의 상식으로는 도저히 이해할 수 없는 행동으로 이웃과 사회에 끊임없이 해악을 끼친다.

나르시시스트와 사이코패스는 언뜻 보아서는 거의 똑같다고 느껴질 정도로 비슷한데, 그것은 그들이 다음과 같은 점들을 공유하고 있어서이다.

자기자랑과 과시가 심하고 스스로를 과대평가하는 반면 세상은 과소평가하면서 오만무례하게 군다. 지독하게 이기적이고 자기중심적이며, 주로 공포분위기를 조성해 사람들을 두려움에 떨게 만들어 그들을 지배하고 착취한다.

공감능력이 없어 다른 사람의 마음을 이해하거나 배려하지 못하고, 양심이 불량이어서 자기반성도 할 줄 모르기에 그야말로 피도 눈물도 없는 철면피나 냉혈한처럼 행동한다. 처음에는 아주 친절하게 굴지만 관계가 가까워질수록 가차 없이 자신의 본색을 드러내며 남들을 학대하고 괴롭힌다.

가족과 이웃, 사회나 인류를 결코 사랑할 수 없다 등등.

정상인들에게 피해를 주는 특성들을 공유하고 있기는 하지만 나르시시스트와 사이코패스는 질적으로 다른 인격장애자이다. 그 차이를 단순하게 대비해보면 나르시시스트는 사랑을 지나치게 갈망해서 문제이고, 사이코패스는 사랑을 조금도 필요로 하지 않아서 문제인 사람이라고 할 수 있다. 즉 나르시시스트가 남들한테 사랑과 인정을 받는 데 목을 매기 때문에 장애자가 되었다면, 사이코패스는 감정능력이 턱없이 부족해 사랑을 줄 수도 받을 수도 없어서 장애자가 되었다는 것이다. 나르시시스트의 양심은 심하게 손상되어 있지만 그래도 나름대로 자기 역할을 수행하기에 그들은 나르시시즘이란 장애로 인해 커다란 심리적 고통을 겪는다. 그러나 사이코패스의 양심은 아예 작동 불가능한 불량품이어서 그들은 사이코패시라는 장애로 인한 심리적 고통을 거의 느끼지 못한다. 아마도 그런대로 사회생활을 하고 있는 정신장애자 중에서 사이코패스는 심각한 병을 앓고 있음에도 그 당사자는 전혀 고통을 느끼지 못하는 유일한 존재일 것이다.

나르시시즘에 관해서는 이 책에서 요약된 프로이트와 코헛의 선구적 연구, 그리고 기본적으로 그들의 전통적 입장을 계승한 후계자들의 연구가 있다. 그러나 그들의 연구에는 '유아적 전능감'을 성인 나르시시즘과 본질상 동일한 것으로 간주하는 것과 같은 일련의 오류들이 포함되어 있다. 따라서 나는 최근의 나르시시즘 연구자들이 주장하는 것과 유사한 맥락에서 나르시시즘 문제를 해명했다.

사이코패스에 대해서는 학자들마다 의견이 다소 엇갈리는데,《진단명: 사이코패스》의 저자인 헤어를 위시한 일련의 학자들은 광범위한 사례연구 등을 통해 사이코패스의 특성을 많이 찾아냈다. 그러나 그들은 그러한 여러 가지 특성들을 다소 병렬적으로 나열할 뿐 사이코패스를 탄생시키는 기본원인이 무엇인지는 명확히 밝히지 못하고 있다. 그래서 사이코패스에 대한 그들의 접근은 사이코패시가 진행되는 필연적이고 순차적인 과정이나 사이코패스가 가지고 있는 여러 특성들 사이에 존재하는 인과관계나 연관관계는 설명하지 못하는 한계를 드러낸다. 만일 이런 식의 접근을 고수한다면 그것은 사이코패스에 대한 명쾌한 이론적 해명이 아니라 사이코패스의 무수한 특성들을 암기해야만 하는 방향으로 나아가게 될 것이다.

이에 비해 사이코패스를 연구하는 학자들 중 상당수는 이 장애의 기본원인을 '양심의 부재'로 보기 때문에 그것을 중심으로 사이코 패스 문제를 이론적으로, 논리적으로 해명하려고 한다. 그러나 이런 연구들은 무엇보다도 '양심'에 대한 개념정의가 부정확해서 '양심의 부재'가 왜, 그리고 어떤 식으로 사이코패스의 제반 특성들을 낳는지 설명하는 데 어려움을 겪는다.

나는 또 다른 일부 학자들이 주장하는 것처럼 사이코패스의 기본원인이 '감정능력의 부재'*에 있다고 생각한다. 그래서 이 책에서는 감정능력의 부재가 왜 필연적으로 사이코패스를 만들게 되며, 그것이 왜 사이코패스의 다양한 특성들로 이어질 수밖에 없는지를 논증하는 데 주력했다. 사이코패스에 대한 연구는 현재진행형이므로 앞으로 심리학자들 사이에 더 많은 토론과 논쟁이 있어야 할 것이다.

'나를 알고 상대방을 알면 패하는 법이 없다'라는 말이 가르쳐주듯 성공적으로 대인관계를 맺으면서 세상을 살아가려면 '자기분석'과 '상대방에 대한 분석'이 반드시 필요하다. 그런데 상대방이 정상인이라면 그 사람을 파악하는 게 그리 어렵지 않으나 상대방이 나르시시스트나 사이코패스라면 얘기가 완전히 달라진다. 왜냐하면 그들은 정상인의 기준이나 상식으로는 도저히 이해할 수 없는 이상인격자들이고 심지어는 전문가들조차 혼란에 빠뜨리곤 하는 놀라운 위장술을 소유한 존재들이기 때문이다. 게다가 돈과 자기 이익만 추구하는 병

* 엄밀히 말하면 부재라기보다는 턱없이 부족한 상태라고 해야 하지만 편의상 '부재'라는 표현을 사용하였다.

적인 사회는 나르시시스트와 사이코패스를 한껏 부추길 뿐만 아니라 그들이 사회 중심부에까지 침투할 수 있는 길을 열어준다. 그 결과 우리는 언제 어느 곳에서 그들을 맞닥뜨릴지 모르는 위험한 상황에 직면하게 되었다. 이런 점에서 이제 사이코패스와 나르시시스트에 대한 지식은 일반인들이 자신을 보호하기 위해서 필수적으로 습득해야 하는 교양과목이 되었다고 해도 과언이 아닐 것이다.

바라건대 모쪼록 이 책이 나르시시스트와 사이코패스 연구자들에게 의미 있는 자료가 되고, 나르시시스트와 사이코패스로부터 자신을 지키려는 사람들에게 도움이 되었으면 한다.

2009년 10월
심리학자 김태형

사이코패스

PSYCHOPATH
PSYCHOPATH
PSYCHOPATH

● 사이코패스에 대하여

　심리적으로 문제가 있는 사람들은 정도의 차이는 있을지언정 필연적으로 타인과 사회에 피해를 입히게 마련이다. 그러나 세상에 해악을 끼치는 데서 사이코패스는 다른 정신장애나 인격장애자들에 비할 수 없을 정도로 단연 으뜸을 차지한다. 그들은 비록 범죄를 저질러 감옥에 가지는 않더라도 주변 사람들은 물론 아무런 관계가 없는 사람들까지도 무차별적으로 괴롭히고 착취하고 이용한다. 나아가 그들은 세상 사람들이 경악하고 공포에 떠는 연쇄살인과 같은 잔혹한 범죄에 주역으로 단골 출연한다. 그래서 사이코패스의 마수에 걸려든 사람들은 그 충격적인 경험으로 커다란 상처를 입으며 심할 경우에는 아예 인생이 망가지기도 한다.

　2003년 9월부터 2004년 7월까지 10개월에 걸쳐 20명을 무차별적으로 죽인 연쇄살인범 유영철이 인천 살인사건과 관련된 현장검증을 할 때의 일이다. 그 당시 피해자의 유족들을 포함해 많은 사람들이 이 현장검증 과정을 지켜보고 있었다. 그런데 유영철은 유가족들에게 전혀 미안해하지 않았고 고통스러워하지도 않았으며, 조금도 후회하지 않는다는 듯이 태연자약하게 행동했다. 이 모습을 본 고인의 아내는 분노감에 사로잡혀 소리쳐 울다가 마침내 실신했고 동생은 이후 정신과 치료를 받다가 자살하고 말았다. 사이코패스 유영철은 이 유가족들에게 잔인무도한 살인범을 넘어 도저히 이 세상에 존재할 수 없다고 믿었던 악마처럼 느껴졌고, 그것이 감당할 수 없는 정신적 충격을 준 것이다. 물론 이런 연쇄살인범은 극단적인 경우에 해당하지만 사이코패스는 타인들과 사회에 끊임없이 지울 수 없는 커다란 상처와 아픔을 남긴다.

　이웃과 사회에 끊임없이 해를 끼치는 사이코패스는 과연 어떤 존재인가? 그들의 마음속에는 진정 무서운 괴물이 살고 있는 것인가?

사이코패스란?

　사이코패스는 자기중심적이고 이기적이며, 냉담하고 잔인하며 무책임하고, 충동적인 사람이다. 이들은 타인에게 피해를 입히고도 그것을 자각하지 못하며 나쁜 짓을 하고도 죄책감을 느끼지 못하는, 양심이 없는 사람이라 후회나 반성을 하지 못한다. 사이코패스는 오로지 자기 자신만을 위해 살아가는 고립자이기에 다른 사람들과 정상적으로 사회적 관계를 맺지 못한다. 그들에게 타인과 사회란 자신의 이익을 실현하기 위한 이용대상일 뿐이다.

사이코패스의 개념

　　　　　사이코패스라는 개념은 종종 다른 개념들과 혼용되어 사용된다.

　상당수 심리학자들은 사이코패스 대신 소시오패스(sociopath: 사회병질자)라는 개념을 사용한다. 일반적으로 사이코패스의 반사회성에 주목하는 사회학자나 범죄학자, 일부 임상전문가들은 소시오패스라는 개념을 선호한다. 반면에 미국정신의학회(American Psychiatric Association: APA)의《정신장애의 진단 및 통계 편람 제4판: Diagnostic and Statistical Manual of Mental Disorders》(DSM-IV)의 분류법에 따르면 사이코패스는 반사회적 인격장애(antisocial personality disorder: APD)에 해당된다.

　대부분의 심리학자와 임상전문가들은 소시오패스와 반사회적 인격장애를 대체로 사이코패스와 같은 개념으로 이해하고 사용해왔다. 그러나 미국정신의학회의 진단기준이 진정한 사이코패스나 소시오패스를 제대로 감별할 수 없다고 보는 일부 연구자들은 반사회적 인격장애와 사이코패스 혹은 소시오패스를 다른 개념으로 보아야 한다고 주장한다. 여기에는《진단명: 사이코패스(psychopath)》(1993)의 저자인 로버트 헤어(Robert D. Hare) 같은 학자들이 포함된다. 그는 반사회적 인격장애의 진단기준은 너무 느슨해서 전형적인 사이코패스 외에도 일반범죄자와 반사회적 일탈행위자가 모두 포함될 수 있다고 우려한다. 사이코패스는 자기만의 고유한 심리적 특성들과 사회적 일탈행위를 모두 포함해야 하므로 반사회적 인격장애와는 다르다는 것이다. 그의 주장을 간단하게 정리하면 사이코패스는 대부분 반사회적 인격장애에 포함되지만 반사회적 인격장애가 모두 사이코패스는 아니라는 뜻이다. 즉 사이코패스를 감별하는 데 있어서는 DSM-IV의 진단기준이 그리 효과적이지 않다는 것이다.

　사실 DSM-IV는 기본적으로 정신장애를 분류하고 진단하기 위한 목적으로 제작되었기 때문에, 장애의 본질을 학문적·논리적으로 규명하기보다는 증상을 병렬적으로 나열하는 식으로 서술되어 있다는 약점을 가지고 있다. 그렇지만 로버트 헤어는 반사회적 인격장애와 확연히 구별되는 사이코패시의 특성이 무엇인지는 명쾌하게 해명하지 못하고 있다. 다만 그는 반사회적 인격장애의 진단기준에 포함되지 않은 기준들을 추가적으로 제시하고 있을 뿐이다. 따라서 그의 주장이 설득력을 얻으려면 무엇이 사이코패스의 본질적 특성인지에 대해 우선적으로 해명하고 그것에 대한 동의를 얻어야 할 것이다. 이것은 앞으로 계속 논의되어야 할 문제이다.

용어의 혼란을 피하기 위해 다시 정리를 해보면 사이코패시(Psychopathy: 정신병질)는 반사회적 인격장애(혹은 소시오패시)를, 사이코패스(Psychopath: 정신병질자)는 반사회적 인격장애자(혹은 소시오패스)를 의미한다. 지금까지 살펴보았듯이 학자들에 따라 반사회적 인격장애자, 소시오패스, 사이코패스라는 개념이 뒤섞여 사용되고 있지만 이 책에서는 혼란을 피하기 위해 사이코패스(Psychopath:

세 가지 개념 비교		
인격장애	인격장애자	비 고
사이코패시(Psychopathy: 정신병질)	사이코패스(Psychopath: 정신병질자)	비정상적인 심리적 특성들에 주목하는 학자들이 선호
소시오패시(Sociopathy: 사회병질)	소시오패스(Sociopath: 사회병질자)	'반사회성'을 강조하는 학자들이 선호
반사회적 인격장애	반사회적 인격장애자	미국정신의학회의 DSM-IV에 따른 진단명 : 상당수의 임상심리학자 및 정신의학자들이 선호

정신병질자)라는 단일 개념을 사용하겠다.

현재 사이코패스는 북미사회에서는 전체 인구의 대략 1~4퍼센트, 즉 100명당 1명에서 4명에 이르는 것으로 추정된다.*

감정이 없는 기계인간

다른 모든 정신장애나 인격장애와 질적으로 차별되는 사이코패스의 특성은 무엇일까? 즉 사이코패스를 사이코패스답게 만들어주는 본질적이고 고유한 특성은 무엇일까?

지금까지 대다수의 심리학자들과 임상전문가들은 반사회적 인격장애, 소시오패스, 사이코패스의 본질적 특성이 '양심이 거의 또는 전혀 없는 것'이라는 데 대체로 동의해 왔다. 양심 부재와 무죄의식은 사실상 정신의학이 인지한 최초의 인격장애였으며, 지난 시기 '정신병적 열등(psychopathic inferiority)', '도덕적 정신이상(moral insanity)', '도덕적 저능(moral imbecility)' 등으로 불리어 왔다.[1] 양심 부재가 사이코패스의 매우 중요한 특성임엔 의심의 여지가 없다. 그러나 양심 부재는 사이코패스가 가진 여러 가지 특성들의 최종원인이 아니다. 오히려 그것은 '감정능력의 부재'*가 만들어내는 사이코패스의 여러 특성들 중 하나이다. 따라서 사이코패스의 본질적인 특성은 감정능력의 결여라고 할 수 있고 양심 부재는 그것이 만들어낸 결과인 것이다.

사이코패스를 다른 모든 정신장애와 질적으로 구별해주는 결정적인 특성은 '감정능력의 부재'이다. 사람의 마음은 크게 보면 동기(욕구와 요구), 감정, 사고(인지)로 구성되는데 사이코패스는 이 세 가지 모두가 부실하지만 결정적으로 감정 영역에 심각한 장애가 있다.

감정의 깊이가 없다

사이코패스는 일반인처럼 정상적으로 깊이 있게 감정을 체험하지 못한다. '감정'이 무엇인지를 이해하면 감정 체험 능력에 문제가 있다는 의미를 정확히 이해할 수 있을 것이다.

> '감정'이란 태도에 기초해 형성되는 신체적 변화를 수반하는 주관적 체험이다.[2]

감정은 사고(인지)와는 달리 '신체적 변화'를 동반한다.[3] 예를 들어 '하루는 24시간이다'와 같은 지식을 습득하거나 머릿속으로 수학공식을 푸는 것은 단순한 사고활동이므로 의미 있는 신체 변화를 수반하지 않는다. 그러나 빼어나게 아름다운 풍경을 보거나 커다란 성취를 이루어 환희를 느낄 때에는 '가슴이 뿌듯하다'고 표현하곤 하는 긍정적인 신체 변화가 수반된다. 이런 식으로 감정은 항상 긍정적인 혹은 부정적인 신체적 · 생리적 변화를 수반하므로 신체 변화가 없는 감정이란 있을 수 없다. 그렇기 때문에 사이코패스에게 감정체험의 깊이가 부족하다는 말은 그들이 특정한 감정에 반드시 수반되어야 하는 신체적 · 생리적 변화를 체험하지 못한다는 의미로 해석할 수 있다.

사이코패스가 정상인들처럼 감정을 체험할 수 없다는 것은 여러 실험을 통해서도 증명되고 있다.

리퍼트와 센터(Lippert & Senter, 1966)는 피실험자들에게 10분 후에 전기충격이 가해질 것이라고 예고한 뒤 그들의 생리반응을 측정하는 실험을 실시했다. 정상인들은 공포와 불안을 느끼면 가슴이 두근거리거나 답답해지고 땀이 나고 입안이 마르며, 근육이 긴장되거나 이완되고 한기를 느끼는 등 불쾌한 신체변화를 체험한다. 따라서 정상인 피실험자들은 예고된 시간이 다가올수록 점점 예민해지며 공포와 연관된 생리반응을 보였다. 그러나 사이코패스는 일반적으로 공포 등과 관련된 이러한 생리적 반응을 정상적으로 체험하지 못하므로 사이코패스 피실험자들에게서는 이러한 신체반응이 거의 나타나지 않았다. 이 실험은 사이코패스가 공포와 같은 중요한 감정을 정상적으로 체험하지 못한다는 것을 보여준다.[4]

기능적 자기공명장치(fMRI)를 이용해 뇌의 단층촬영 실험을 실시한 연구에 의하면 사이코패스는 정상인들이 시각적 혹은 청각적인 감정 자극에 보이는 뇌의 반응을 전혀 보이지 않았다. 중성적인 단어와 감정적인 단어를 섞어서 제시해주는 실험을 실시하면 일반인들은 감정적인 단어에 더 빠르고 강하게 반응한다. 예를 들면 '나무', '돌', '책상' 같은 중성적인 단어보다는 '이별', '죽음' 같은 감정적인 단어에 더 빠르고 강하게 반응하는 것이다. 그러나 사이코패스에게서는 이런 차이가 발견되지 않았다. 즉 그들은 중성적인 단어나 감정적인 단어 모두에 똑같은 반응을 보일 뿐이었다. 이는 사이코패스가 감정과 관련된 단어를 사전적, 언어적 의미로는 알고 있지만 그런 단어의 감정적 가치나 중요성은 제대로 이해하거나 평가하지 못함을 의미한다.

최근의 연구들에 의하면 정상인들의 감정체험은 변연계를 포함한 여러 뇌 영역들의 활성화와 연관이 있다. 그래서 이런 뇌의 영역들을 '감정 뇌'라고 부르기도 한다. 그런데 일반인들의 감정 뇌를 활성화시키는 동일한 경험이나 사건이 사이코패스들의 변연계를 활성화시키지는 못한다. 오히려 사이코패스들의 경우에는 감정적인 자극에 의해 활성화되는 뇌 영역이 언어를 처리하는 부분과 연관되는 경향이 있는데, 이는 사이코패스가 감정을 정상적으로 체험하지 못하며 단지 그것을 언어적으로만 이해한다는 증거로 간주될 수 있다.[5]

이 외에도 여러 연구들이 사이코패스의 감정체험이 비정상적이며 극히 피상적이어서 깊이가 없다는 사실을 증명하고 있다. 이처럼 사이코패스는 정상적으로 감정을 체험할 수 없기 때문에 자신이 저지른 살인행위를 마치 남의 일처럼 태연하게 사실적이고 객관적으로 설명하며, 커다란 위기가 닥쳐도 조금도 당황하지 않을 수 있는 것이다. 특히 사이코패스가 겁이 없는, 공포를 느낄 수 없는 감정적 불구자라는 사실은 왜 그들이 잔인한 행위나 범죄에 그토록 쉽게 빠져드는지를 설명해줄 수 있다.

사이코패스는 감정능력이 부족해서 감정을 깊이 있게 정상적으로 체험하지 못할 뿐만 아니라, 감정을 긴 시간 동안 체험하지도 못한다. 즉 그들의 감정체험은 대체로 극히 피상적이며 비교적 단기적이다. 일반인은 폭력을 사용할 때면 감정이 격앙되어 그것이 가라앉으려면 상당한 시간이 소요된다. 아이의 잘못으로 사랑의 매를 들었던 부모가 회초리를 내려놓은 뒤에도 한동안 마음을 진정하지 못하거나 순간적으로 화가 나서 상대방을 때린 사람이 한동안 씩씩대는 것을 예로 들 수 있다. 이렇게 폭력을 사용하는 상황이 끝난 후에도 격앙된 감정이 즉시 가라앉지 않는 것은 몸 안에서 일어났던 신체적 변화가 제자리로 돌아오는 데 일정한 시간이 필요하기 때문이다. 그러나 사이코패스는 비록 겉으로는 이러저러한 감정표현을 하더라도 몸에서는 신체 변화가 거의 일어나지 않기 때문에 그들의 감정은 깊이가 없고 단기적일 수밖에 없다. 어떤 사이코패스는 "지금 당장이라도 화를 낼 수 있어요. 자유자재로 화를 냈다 풀었다 할 수 있습니다"라고 말하기도 했는데, 이는 그들의 감정이 극히 피상적이고 단기적임을 보여주는 하나의 사례이다. 이런 이유 때문에 사이코패스는 폭력을 휘두를 때에도 일반인들이 보여주는 격앙된 감정을 나타내지 않으며, 평범한 일상 중에 갑자기 폭발했다가 갑자기 가라앉는 경향을 가진다.

2000년 초, 여중생을 비롯한 3명의 미성년자를 잔인하게 고문하고 살해한 연쇄살인범 김해선은 경찰조사에서 자신이 살인행위 직후에 보았던 TV 프로그램의 제목과 그 내용까지 뚜렷이 기억한다고 진술하여 형사들을 경악시켰다. 아무리 연쇄살인범이라 하더라도 보통 범죄자들은 범행 직후에는 흥분이 가라앉지 않아 태연하게 TV를 보지 못하고 설사 본다 하더라도 그 내용을 잘 기억하지 못한다. 그러나 반사회적 인격장애 판정을 받은 김해선은 잔인무도한 범죄 행위를 저지른 직후에도 아무런 감정적 동요가 없었기 때문에 마치 아무 일 없었다는 듯이 TV를 시청하고 그 내용까지 뚜렷이 기억했으며, 체포된 후에도 아무런 감정적 동요 없이 그것을 태연하게 진술할 수 있었다. 또 다른 사이코패스 연쇄살인범 유영철이 피해자의 피를 마신 미국의 연쇄살인범 체이스(Chase)의 엽기적인 모습을 모방해 여성 피해자의 장기 일부를 믹서에 갈아 먹어보기도 했던 것 또한 같은 맥락에서 이해할 수 있을 것이다.[6]

**감정의 폭이
협소하다**
사이코패스는 감정체험의 깊이가 없을 뿐
아니라 감정의 폭이나 스펙트럼이 다양하지 않다. 비유적으로 말하
자면 일반인이 100여 가지의 다양한 감정을 구별하고 그 각각을 체
험할 수 있다면 사이코패스는 몇 개도 안 되는 감정만을 체험할 수
있다. 헤어는 이를 색채감각에 빗대어 정상인이 세상을 총천연색으
로 본다면 사이코패스는 심한 색맹이라 흑백으로 세상을 본다고 표
현하기도 했다.

사이코패스는 정상인과는 달리 미묘한 감정의 차이를 제대로 구
분하지 못한다. 예를 들면 사랑과 성적 자극, 슬픔과 욕구 불만, 노
여움과 흥분을 구별하지 못한다. 따라서 사이코패스에게 있어서는
싸움을 할 때와 감옥에서 탈옥할 때 그리고 성관계를 할 때의 감정
체험이 거의 동일한 경우가 허다하다. 한 사이코패스는 자신의 감정
능력에 대해 다음과 같이 실토하기도 했다.

> "감정에 대해 내가 아는 것이라곤 이야기를 듣거나 책에서 읽거나
> 그저 상상하는 것이 전부예요. 어떤 감정을 느낀다고 상상할 수는 있
> 지만, 그러니까 그런 것의 존재를 알기는 하지만 실제로 느끼지는 못
> 해요."[7]

사이코패스는 다양한 감정을 정상적으로 구분할 수 없기 때문에

그런 감정들과 관련된 생각을 말로 표현하는 것을 무척이나 어려워한다. 그들에게 그러한 감정들이란 애매모호하고 이해하기 어려운 미지의 어떤 것일 뿐이다. 한 연구자가 사이코패스에게 '강렬한 정서적 사건'을 하나 묘사해 보라고 요구했다. 그러자 그는 끊임없이 손을 움직이고 과장된 표정을 지으면서 다음과 같이 대답했다. 이때 많은 몸동작이나 과장된 표정은 대답하기 어렵다는 사실을 반영하는 것으로 간주할 수 있다.

> "어려운 질문이군요. … 한번은 빨간 신호등이 켜졌지만 차가 없어서 그냥 길을 건넜어요."[8]

그렇다면 사이코패스는 어떤 감정들을 구별하고 느낄 수 있을까? 어떤 연구자들은 사이코패스에게는 기본감정이 있는지조차 의심스럽다고 말한다. 여기서 '기본감정'이란 다양한 감정들로 분화해나가는 뿌리이자 출발점이 되는 원초적인 감정들을 말한다.[9] 이자드(Izard)는 사람에게는 기쁨, 흥미/흥분, 놀람, 슬픔, 분노, 혐오, 경멸, 두려움, 창피함, 죄책감이라는 10개의 기본감정이 있으며 나머지 감정들은 이러한 감정들의 조합에 의해 만들어진다고 주장했다.[10] 기본감정의 개수나 내용에 대해서는 학자들에 따라 의견이 다르다. 하지만 중요한 것은 앞에서 살펴보았듯이 사이코패스가 두려움 같은 기본감정조차 제대로 체험하지 못한다는 사실이다. 이 때문에 사이코패스를 연구하는 학자들은 그들이 느낄 수 있는 거의 유일한 감정은 당장의 신체적인 고통과 쾌락, 또는 단기간의 좌절과 성공에서 비롯되는 이른바 원초적인 '쾌(快)－불쾌(不快)'의 감정 정도일 것이라고 추측하기도 한다. '쾌-불쾌'의 감정은 유아가 처음으로 구별하는 감정 쌍이며 다른 모든 감정들이 분화되어 자라나는 모체가 되는 최초의 감정으로 간주된다. 이런 맥락에서 보면 다소 지나친 추정일지도 모르지만 사이코패스는 이런 최초의 감정 외에는 이렇다 할 다른 감정들이 거의 발달하지 못한 심각한 감정능력의 장애자일지도 모른다.

사이코패스의 감정이란?

사이코패스는 감정, 정서발달에 심한 장애가 있기 때문에 일반인들과는 달리 정상적인 감정체험을 하지 못한다.[11] 그렇다면 심하게 말해 쾌-불쾌의 원시적인 감정수준에 고착되어 있는 사이코패스에게 있어서 그 나머지의 다양한 감정이란 사실상 거의 추측에 가까운 것일 뿐이라고 보아도 될까? 이런 질문은 다양한 감정을 표현하거나 체험하는 것처럼 보이는 사이코패스들 때문에, 당장 반박을 받을 수도 있을 것이다. 그러나 사이코패스들이 다양한 감정에 대해 말하고, 그것을 체험할 수 있다고 주장하더라도 그들이 진짜로 그런 감정들을 느낄 수 있는지는 의문이다.

상당수 연구자들은 사이코패스들이 다양한 감정을 정상적으로 체험하지는 못하지만 남들이 사용하는 단어나 감정표현 방식들을 배워서 자신이 알지 못하는 감정을 설명하거나 흉내 낼 뿐이라고 주장한다. 예를 들면 사이코패스는 '두려움', '당황스러움'이라는 단어의 뜻을 알기는 하지만 그것이 어떤 감정적 의미를 갖는지, 그 실제 느낌이 무엇인지는 전혀 이해하지 못한다는 것이다.

한 연구자는 사이코패스에게 은행강도가 들어와 당신에게 총을 겨눴을 때 어떤 느낌일지 대답해 보라고 했다. 그러자 그는 정작 그 느낌은 설명하지 못한 채 다음과 같은 엉뚱한 대답들만 늘어놓았다. "나라면 돈을 줬겠죠.", "내가 먼저 선수를 쳤을 걸요.", "거기서 빠져나오려고 갖은 용을 썼겠죠." 연구자가 다시 어떻게 생각하거나 행동할 것인지가 아닌 어떤 기분이겠느냐고 질문을 하자 그는 당황하는 듯했다.[12]

사이코패스는 일반인들이 자동적으로 느끼곤 하는 다양한 감정을 모르기 때문에 타인들의 감정표현 방식을 관찰해 모방하기도 하고, 일상생활에서 상황에 맞는 감정적 반응을 배우기 위해 심리학 서적을 읽기도 한다.[13] 이러한 다양한 노력의 결과로 상당수 사이코패스들은 일반인과 비슷한 감정능력을 가진 것처럼 행세할 수 있게 된다. 그러나 사이코패스의 다양한 감정표현은 단지 흉내일 뿐이라 그것을 진짜로 체험하지는 못한다.

상황에 맞는 정상인들의 감정표현 방식을 아무리 모방하려 해도 그것은 결국 앵무새가 사람의 말을 흉내 내는 것에 불과할 수밖에 없다. 따라서 사이코패스의 감정반응은 일반인들과는 다른 자기만의 독특한 특징을 드러낸다.

첫째, 사이코패스의 눈빛이나 목소리는 매우 단조롭다. 사이코패스는 감정에 깊이가 없을 뿐만 아니라 다양성도 없는데, 그것이 눈빛이나 목소리에 그대로 반영되기 때문이다. 일반인들은 다양한 감정 상태에 따라 눈빛이 다채롭게 변하고 목소리에도 기복이나 떨림 등이 생기지만 사이코패스들은 그렇지 않다.

둘째, 감정이 쉽게 표변한다. 사이코패스는 감정 체험을 할 때 신체변화가 거의 일어나지 않으며 그 변화가 오래 지속되지도 않는다. 따라서 한 가지 감정상태에서 질적으로 완전히 다른 감정상태로 쉽게 옮겨 다닐 수 있다. 사이코패스는 남들을 친근하고 우호적으로 대하다가 한순간에 냉담하게 대할 수 있으며, 금방 불같이 화를 내다가도 곧바로 평온한 얼굴로 돌아가 미소를 지음으로써 사람들을 소름끼치게 만들 수도 있다. 나아가 사이코패스는 자유자재로 화를 내고 눈물을 흘릴 수도 있다. 자기 마음대로 조절할 수 있는 분노와 악어의 눈물은 사이코패스의 트레이드마크이자 강력한 삶의 무기이다. 사이코패스는 이처럼 감정이 놀라울 정도로 빠르게 표변하기에 항상 주변사람들을 긴장시키고 그들에게 무서운 존재로 다가온다.

셋째, 상황에 맞지 않는 부적절한 감정반응을 보인다. 사이코패스는 일반인들의 상식으로는 도저히 이해가 안 되는 장면에서 갑자기 화를 내거나 눈물을 뿌려댄다. 특히 그들은 자신을 무시한다고 판단하거나 개인적인 모욕을 받았다고 생각할 때 과도하게 화를 내며, 보통 사람들 같으면 약간 놀라거나 안타까움을 표시할 장면에서 눈물을 펑펑 쏟기도 한다. 또한 사이코패스는 현재 상황과 전혀 일치하지 않게 터무니없이 과장된 형태로 감정을 표현하기도 한다. 그들의 이러한 부적절한 감정반응은 남들의 눈이 없을 때 특히 두드러진다. 즉 사이코패스들은 남들한테 나쁜 인상을 주어서는 안 되는 상황에서는 자기의 감정반응을 그대로 드러내지 않지만, 사적인 자리 혹은 무시해도 좋을 사람과 있게 되면 부적절한 감정반응을 여과 없이 드러내는 것이다. 이러한 부적절한 감정반응은 주변사람들을 과도하게 긴장시키거나 당혹스럽게 만들기 때문에 그들은 사이코패스에 대해 좀처럼 친밀감을 느낄 수가 없게 된다.

사이코패스의 감정반응이 매우 특이한 것은 그들만이 가지는 독특한 개성 때문이 아니다. 그것은 단지 비정상적으로 감정능력이 결여되어 있다는 것의 표현일 뿐이다.

강렬한 자극 추구

사이코패스는 일상의 단조로움을 견디지 못해 쉽게 무료해하고 지루해한다. 그래서 반복적이거나 따분한 일, 오랫동안 집중해야 하는 일, 장기간에 걸쳐 진지하게 계획을 세우고 실천해야 하는 일에 종사하는 사이코패스는 찾아보기 힘들다. 이런 특성은 대인관계나 인생살이에서도 그대로 드러나서 사이코패스는 기존의 인간관계를 끊고 새로운 관계를 맺는 과정을 반복하면서 늘 새롭고 흥미진진한 기회를 찾아 나선다.

사이코패스는 왜 단조로움을 견디지 못하는 것일까? 그것은 사이코패스가 격정 외에는 기분이나 열정을 정상적으로 체험하지 못한다는 사실과 관련이 있는 것 같다.

감정은 그 '세기'와 '지속성'에 따라 기분, 격정, 열정으로 구분된다.[14] 기분은 '즐거운 기분', '우울한 기분'이라는 표현에서 알 수 있듯이 비교적 오래 지속되는 그리 강하지 않은 감정으로 정상인들이 일상적으로 체험하고 있는 감정이다. 격정은 '환희, 감격, 분개, 격노, 공포'처럼 폭발적으로 일어나며 비교적 짧은 시간 내에 체험하는 감정이다. 그리고 열정은 중요한 목표를 실현할 때까지 장기간에 걸쳐 지속되는 비교적 강렬한 감정이다. 정상인이라면 특별한 노력 없이도 자동적으로 이러한 세 가지 종류의 감정을 모두 체험할 수 있다. 그러나 사이코패스의 감정체험은 주로 '격정'에 국한되는 것 같다. 즉 그들은 일상적으로 은은하게 느끼는 '기분'이나, 긴 시간 동안 뜨겁게 간직하는 '열정'을 체험하지 못하며, 단지 원초적인 감정들만을 격정적인 형태로 아주 단기간 동안만 체험할 수 있다. "사이코패스들의 입에서 '텅 빈' 기분에 관한 언급들을 종종 들어왔다"라는 임상전문가 스타우트의 경험도 이와 관련이 있을 것이다. 만일 사이코패스가 기분이나 열정을 체험할 수 없으며, 오직 격정적 형태로만 짧게, 폭발적으로 감정을 체험할 수 있다면 필시 그들은 평상시에는 몹시도 무료하고 심심할 수밖에 없을 것이다.

기분이나 열정의 부재는 필연적으로 사이코패스를 강렬한 자극을 추구하게끔 동기화한다. 일반인들은 일상적으로 기분이나 열정을 느끼고 있으므로 굳이 그럴 필요가 없으나, 좀 심하게 말하면 사이코패스는 평상시에는 감정이 없는 상태이므로 그것을 도무지 견디지 못한다. 따라서 사이코패스는 일상의 무료함을 달래기 위해, 자신이 체험할 수 있는 유일한 감정의 종류인 '격정'을 체험하기 위해 강렬한 자극을 필요로 하게 된다. 그래서 사이코패스는 언제나 극단적인 자극을 갈망하고, 위험도가 높고 긴장이 연속되는 행위를 즐기며, 방탕하거나 스릴 넘치는 생활을 하는 것이다. 그들은 새로운 자극을 추구하기 위해 술이나 마약에 쉽게 빠져들기도 하고, 자주 이사를 가거나 직장을 옮기기도 한다.

사이코패스의 강렬한 자극에 대한 욕구는 빈번하게 그리고 쉽게 그들을 반사회적인 범죄행위로 이끈다. 사이코패스는 단지 스릴이나 흥분을 맛보기 위해 범죄를 저지르기도 한다. 다니엘 워커라는 사이코패스는 "큰 교도소에서 탈출하면 정말 흥분될 거요. 빨간 불빛이 뒤에서 쫓아오고, 사이렌이 울리고, 진짜 대단하겠지. … 섹스보다 훨씬 짜릿할 거야. 오, 정말 신날 텐데"[15]라고 말했다. 이는 사이코패스의 감정에 있어서는 탈옥과 섹스가 별다른 차이가 없으며, 강렬한 자극을 추구하기 위해서라면 이것저것 재지 않고 탈옥 같은 중범죄도 저지를 수 있음을 보여준다. 나아가 일부 극단적인 경우이겠지만 사이코패스는 단지 무료함을 달래기 위해 살인까지도 저지를 수 있다. 연쇄살인범 김해선의 살인동기에 대해 경찰대학 교수인 표창원은 다음과 같이 평했다.

> "범행 직전에 일어난 특별한 사건은 없었다. 친구도 없고 할 일도 없는 시골 고향집에서 3개월을 지내다 보니 무료함이 극에 달했고 이를 달래기 위해 마신 술이 억눌렀던 욕구를 불러일으켰던 것으로 보인다. 김해선이 경찰에서 진술한 내용을 보면 피해자들에 대한 성추행을 '장난', '놀았다' 등으로 표현하고 있다. 사회에 대한 분노나 여성에 대한 혐오 등의 동기는 전혀 발견되지 않는다. 그야말로 '아무 이유 없이', '재미로' 사람을 괴롭히고 살해한 것이다."[16]

법의학 심리학자인 레이드 멜로이(J. Reid Meloy)는 "사이코패스들이 어떤 것을 느끼려면 보통 사람의 경우보다 훨씬 더 큰 자극이 필요하다"[17]라고 주장했다. 즉 보통 사람들을 충분히 기분 좋게 해주는 자극들도 사이코패스들에게는 별다른 감흥을 주지 못한다는 것이다. 물론 그것은 그들이 그 무엇보다도 '정서적 둔감성'을 중요 특징으로 가지는 감정적 불구자이기 때문이다. 따라서 사이코패스는 자신의 마음속에 '쾌'의 감정을 폭발시켜줄 강렬한 자극을 필수적으로 원하며, 그것을 무서울 정도로 추구하는 동물적인 쾌락주의자가 될 수밖에 없다.

사이코패스는 그저 재미있다는 이유만으로 타인을 속이면서 가지고 노는 걸 좋아한다. 1973년부터 1978년까지 5년 동안 미국의 5개 주에서 모두 30명의 여성을 강간 · 살해한 혐의를 받았던 미국의 연쇄살인범 테드 번디(Ted Bundy)는 사형을 면하게 해주면 그 대가로 피해자들의 시신이 묻힌 곳을 알려주겠다면서 한 번에 한 사건씩만 자백하는 등 끊임없이 수사진을 농락했다. 그는 1978년 7월에 체포되었으나 자백을 미끼로 11년간이나 시간을 끌기도 했다.[18] 일부 지적인 사이코패스들이 다소 긴 시간에 걸쳐 진행되는 심리적 게임을 무척이나 즐기는 것도 그들이 영원한 쾌락주의자라는 사실과 관련된다. "전략과 승리는 전율을 느끼는 유일한 원천이고, 그는 게임을 더욱 잘하는 데 온 삶을 바쳐왔다"[19]라는 스타우트의 언급은 사이코패스의 집요한 승부욕이 결국 강렬한 자극, 즉 강한 쾌감을 느끼고자 하는 욕구에서 비롯된 것임을 보여준다.

양심의 부재

사이코패스의 감정능력 결여가 초래하는 가장 파멸적인 결과는 아마 양심의 부재일 것이다. 일반인들은 거의 상상할 수조차 없겠지만, 사이코패스는 양심의 가책을 느끼지 않기에 죄의식이 없다. 그래서 그들은 나쁜 유혹을 이기지 못하고 규칙을 위반해도 죄책감을 느끼지 않으며, 처벌을 피할 수만 있다면 무슨 짓을 해서든 원하는 바를 얻어낸다. 나아가 좀도둑질에서 잔인한 살인까지 어떤 반사회적 행동도 할 수 있다.

대다수의 심리학자들은 반사회적 인격장애자, 소시오패스, 사이코패스의 본질적인 특징을 '양심의 부재'로 본다. 그러나 '양심'에 대해서는 아직까지 학자들마다 의견이 다르기 때문에 우선 이 문제를 살펴보기로 하자.

프로이트는 사람의 마음이 본능적 욕구인 원초아(id), 이성적 사고 능력이 있는 자아(ego), 내면화된 사회적 권위(혹은 부모)인 초자아(superego)로 구성되어 있다고 주장했다. 여기서 초자아가 바로 양심이다. 사람은 사회의 통제가 없으면 본능적 욕구(원초아)를 실현하기 위해 짐승처럼 마구 날뛰게 되는데, 다행히 내면화된 사회의 도덕규범(초자아)이 이를 억누르기 때문에 사회생활을 할 수 있다. 이때 자아는 원초아와 초자아를 적절하게 타협시키는 중재자 역할을 한다. 하나의 예를 들어보면 본능적 욕구(id)에 따라 동생이 먹는 과자를 빼앗으려는 아이를 부모가 '그러면 안 돼'라고 제지하면 그런 금지들이 내면화되어 양심(superego)을 형성하게 되고, 아이는 후에 부모가 없더라도 양심이라는 감시자가 무서워서 동생의 과자를 빼앗지 않게 된다는 것이다.

하지만 프로이트의 양심 개념에는 심각한 문제들이 있다.

우선 양심이 자신의 의지에 반해 마음속에 강제로 주입된 외적 권위라는 주장은 명백한 오류이다. 《당신 옆의 소시오패스》의 저자인 마사 스타우트(Martha Stout)는 "두려움에 기초한 초자아는 어두운 커튼 뒤에 숨어, 우리를 나무라고 마음을 졸이게 한다. 그러나 양심은 우리를 이타적인 사람으로 이끌고, 사소하든 중대하든 자각적인 행동을 하도록 만든다"라고 강조했다. 즉 양심은 무시무시한 감시자가 아니라 우리를 올바른 행동으로 이끌어주는 고마운 스승이라는 것이다. 그녀의 주장이 암시하듯 양심은 처벌을 피하기 위해 강제로 받아들인 것이 아니라 스스로가 옳다고 인정했기에 자발적으로 수용한 도덕의식이다. 그렇기 때문에 양심은 내면에서 우리를 감시하는 무서운 검열관이나 경찰관이 아니라 우리를 보호하고 도와주는 따뜻한 도덕적 멘토의 역할을 하는 것이다. 프로이트가 언급한 초자아가 두려움과 불안을 낳고 정신장애의 원인으로 작용하기도 하는 것은 그것이 진정한 의미에서의 양심이 아니기 때문이다. 양심은 두려움과 불안이 아니라 정서적 안정과 강한 자부심의 원천이므로 정신건강에 매우 유익하며 필수적이다. 양심의 이러한 긍정적인 특성이야말로 왜 양심에 맞는 삶을 사는 이들의 마음이 그토록 평화로운 반면, 양심에 어긋나는 삶을 사는 이들은 죄의식의 무게에 짓눌려 고통을 받게 되는지를 정확히 해명해준다.

다음으로 프로이트의 양심 개념에는 감정이 배제되어 있다. 스타우트가 "프로이트의 초자아에는 사랑이나 동정, 다정함, 또는 그보다 더욱 적극적인 어떤 감정이 양심을 구축할 만한 자리가 없다"라고 지적한 것은 이와 관련이 있다. 양심은 도덕과 관련된 지식이나 의식만으로 구성되어 있지 않다. 즉 '곤경에 처한 사람을 도와야 한다'는 등의 도덕의식만 있다면 그것은 양심의 역할을 제대로 할 수 없다는 것이다. 물에 빠진 사람을 구해주는 경우를 예로 생각해보자. 만일 우리가 그 사람을 구해준다면 설사 우리 마음에 '살려주면 보상을 해주거나 밥 한 끼 정도는 사주겠지'라는 흑심이 있었다고 해도 그 사람을 구해준 행위만으로도 보람과 행복감 같은 긍정적인 감정을 체험할 수 있다. 즉 별도의 물질적 보상 따위를 받지 않더라도 양심에 부합되는 행동을 했기에 감정적 만족을 느낄 수 있다는 것이다. 반면에 물에 빠진 사람을 보고도 그냥 지나쳤다면 그 일은 마음속에 죄의식으로 남아 두고두고 죄책감이나 부끄러움 같은 부정적이고 고통스러운 감정을 야기할 것이다. 사람은 긍정적인 감정을 체험하고 싶어 하는 반면 부정적인 감정은 피하려 한다. 따라서 사람들이 양심에 맞는 생각과 행동을 하도록 만드는 것은 무엇보다도 감정의 힘이라 할 수 있다. 그럼에도 프로이트를 비롯한 많은 심리학자들은 이런 도덕감정을 양심에 포함시키지 않음으로써 양심을 단순히 도덕의식에만 국한시키는 오류를 범해왔다.

스타우트는 "양심은 우리가 '느끼는' 무언가다. 달리 말해, 양심은 행동적이지도 인지적이지도 않다. 양심이 주로 존재하는 곳은 '감정(emotion)'으로 더욱 잘 알려진 '정서(affect)'의 영역이다"라고 하면서 감정의 중요성을 강조했다. 그러나 그녀가 양심을 '또 다른 생명체나 인간집단, 심지어 어떤 경우에는 인류 전체에 대한 감정적인 애착을 궁극의 토대로 삼는 의무감'[20]으로 규정한 것은 잘못이다. 왜냐하면 양심에는 반드시 감정이 포함되어야 하지만 그렇다고 해서 도덕의식이 배제되어서는 안 되기 때문이다. 도덕의식이 없다면 무엇이 도덕적 원칙과 규범에 맞는지 판단할 수 없고 그 결과 도덕감정을 체험할 수도 없게 될 것이므로 양심은 제구실을 다하지 못할 것이다. 물에 빠진 사람을 구하는 것 같은 단순한 행동은 타인에 대한 감정적 애착이나 공감능력만으로도 가능하다. 그러나 악법을 어기면서까지 정의로운 일을 하려고 하는 등의 좀 더 고차적이고 복잡한 도덕적 행동들은 본능적인 도덕감정만 가지고는 할 수가 없다. 따라서 양심에는 반드시 도덕의식과 도덕감정이 모두 포함되어야 한다. 이런 입장에서 양심이라는 개념을 정확히 규정해보면 그것은 '사람이 도덕적 원칙과 규범에 맞게 행동하도록 조절·통제하는 도덕감정과 도덕의식의 총체'[21]라고 할 수 있다. 여기서 도덕의식은 주로 어떤 것이 도덕적 원칙과 규범에 맞는지를 추론하고 판단하는 기준이 되고 도덕감정은 도덕의식의 요구에 부합하는 사고나 행동에 대해서는 긍정적인 감정으로 그렇지 않은 사고나 행동에 대해서는 부정적인 감정으로 화답하는 역할을 한다. 만약 도덕의식이나 도덕감정 중에 한 가지라도 없다면 그것은 반쪽짜리 양심, 고장 난 양심이 될 것이다.

그렇다면 사이코패스의 양심은 어떻게 생겼을까? 지금까지의 논의에 비춰볼 때, 사이코패스에게는 도덕감정이 턱없이 부족할 것임을 어렵지 않게 짐작할 수 있다. 즉 그들은 '도덕의식은 가지고 있지만 도덕감정은 가지고 있지 않다.'[22] 사이코패스는 '물에 빠진 사람을 구해줘야 한다'는 것을 지식으로는 알고 있다. 그러나 그 사람을 그냥 냉담하게 지나쳐버려도 죄책감 같은 부정적인 감정을 체험하지 못한다. 스타우트의 표현을 빌리자면 이는 "감정적으로 말해, 우리가 비도덕적이거나 비윤리적이거나 태만하거나 이기적이라고 여겨지는 어떤 선택을 하는 경우에 그 행동을 제어해줄 내부 기제가 전혀 없다"[23]는 의미가 된다. 한 마디로 사이코패스의 양심은 불량품이어서 그들은 '내면적 통제'를 받지 않는다고 말할 수 있는 것이다.

사이코패스에게는 후회, 수치심, 죄의식 등이 없다. 미국의 연쇄살인범 테드 번디는 "과거에 무슨 짓을 했든 나는 상실감이나 죄책감에 시달리지 않아요"라고 자랑스럽게 말했다. 게다가 그의 '꿈'에는 100명의 여자를 살인한 것도 포함되어 있다.[24] 정상인들은 겉으로는 아무리 천하의 악당처럼 행세해도 무의식적으로는 죄의식에 시달리는데, 그 대표적인 예가 바로 자기처벌적인 악몽이다. 자신이 지은 죄를 제아무리 부인하고 그것으로부터 필사적으로 도망치려 해도 죄의식이 심한 사람의 꿈은 절대로 평온할 수 없다.

가족들에게 폭력을 행사하고 외도를 일삼는 아버지를 그 아들이 우발적으로 살해한 사건이 있었다. 그 아들은 1994년 4월 초에 아버지의 시체를 인근 공사장 폐기물 더미에 버렸다. 가족들은 그의 범죄를 알고서도 숨겼다. 극심한 고통을 겪던 형제들은 평소에도 '아버지가 없었으면 좋겠다'고 생각했고, 어머니 또한 '이 모든 게 내 책임이다'라고 말했기 때문이다. 그는 아버지를 죽인 후 모든 것을 잊고 착하고 평범하게 살려고 노력했으나 죄의식은 그를 놓아주지 않았다. 사건이 일어난 지 2년 뒤에 결혼했으나 6개월 만에 파경을 맞았고 이듬해에는 안경점을 열어 재기를 시도했으나 실패했다. 그는 잘살아 보려고 했으나 모든 일이 제대로 되지 않는 게 '아버지를 죽인 탓'이라고 생각했다. 이후 그는 삶을 포기한 채 술에 의지하며 살았다. 아버지를 죽이고 14년이 흘러 공소시효 만료 1년을 남겨놓은 시점에 경찰에 체포된 아들은 범행 일체를 순순히 자백했다. 경찰조사에서 모든 죄를 털어놓고 처벌을 기다리게 됨으로써 비로소 무거운 마음의 짐을 덜게 된 그는 이렇게 토로했다.

> "아버지를 죽인 후 단 하루도 편하게 살 수 없었다."[25]

　다소 극단적인 예일 수도 있으나, 이를테면 죄의식은 바로 이런 것이다. 죄의식을 가진 사람은 마음 편히 못살고 두 발 뻗고 잠을 못잔다. 안타까운 것은 아버지를 우발적으로 죽인 아들을 가족들이 자수하도록 권유한 뒤 재판부에 선처를 호소하지 않은 점이다. 법의 처벌을 받고 반성하는 기간을 가졌다면 말끔히는 아니더라도 상당 부분 죄의식을 탕감할 수 있지 않았을까. 아무튼 법의 처벌, 전과자 딱지보다 더 무서운 게 죄의식임을 이 사례는 명확히 보여주고 있다. 이런 현상은 여러 사람을 죽인 연쇄살인범들의 경우에도 그다지 다르지 않다. 그러나 모두가 다 그렇다고 100퍼센트 단정할 수는 없

겠지만 놀랍게도 양심이 고장 난 사이코패스들은 꿈에서조차 죄책
감을 느끼지 않는다. 그렇다면 도대체 무엇이 그들을 나쁜 짓을 하
지 않도록 통제할 수 있단 말인가?

공감능력 부재

　　　　　　'공감능력'이란 타인의 기쁜 감정이나 고통
스러운 감정을 이해하고 그것을 자신도 느낄 수 있는 능력이다.[26]
사이코패스는 감정능력이 없는 인격장애자이므로 기본감정조차 정
상적으로 체험하지 못한다. 따라서 타인의 감정을 이해하고 느낀다
는 것은 거의 불가능하므로 공감능력을 가질 수 없다.

　사이코패스는 타인의 동기나 생각, 감정에 공감하지 못하고 타인
의 고통과 괴로움에 대해 전혀 이해하지 못하므로 동정심을 가질 수
도, 사랑을 할 수도 없다. 그들은 다른 사람의 마음, 특히 감정을 이해
하고 느끼지 못한다. 단지 머리로만 이해할 뿐, 다른 사람의 '감정을
공감'하거나 그 사람의 '입장이 되어' 보는 것이 불가능한 것이다. 한
사이코패스 강간범은 피해자들에 대해 이렇게 말했다. "그들은 겁에
질리더라고요. 그렇죠? 그런데 말이죠. 나는 전혀 이해하지 못하겠거
든요. 나도 무서울 때가 있지만 나쁜 기분은 아니거든요."[27] 사이코
패스는 타인의 감정을 이해하지 못하기 때문에 피해자들을 고문하고
사체를 토막 내는 등 일반인들은 너무나 끔찍하게 여기는 엽기적인
행동을 할 수 있으며, 그들의 폭력은 보통 사람보다 훨씬 더 잔인하

고 냉혹하다. 연쇄살인범 김해선은 미성년자들을 성추행했고 한 여중생 피해자의 온몸을 칼로 난자하고 허벅지 살을 도려내는 등 잔인무도한 짓을 했다. 그러나 그는 경찰에서 진술하면서 피해자들에 대한 이러한 행위를 '장난', '놀았다' 등으로 표현했다.[28] 그는 공감능력이 전혀 없었기에 피해자의 마음이나 고통을 이해하거나 느낄 수 없었던 것이다.

약간 과장스럽게 비유하자면 정상인들은 난로에 손을 데이면 엄청나게 고통스러운 감정을 느끼지만 사이코패스는 그저 약간 따뜻하다고 느낄 뿐이다. 그래서인지 그들은 상대방에게 입힌 치명적인 상처를 심하게 과소평가하고 때로는 완전히 부인하기도 하며, 나아가 피해자에게 긍정적인 영향을 미쳤다고 주장하기도 한다. 예를 들면 자신에게 강도를 당한 피해자가 보험에 들어있을 테니 이익을 보았다고 떠벌리는 식이다.

다른 범죄자들과 사이코패스를 구분 짓는 결정적인 차이점은 바로 공감능력의 부재, 그리고 그것을 필수적으로 포함하고 있는 양심의 부재에 있다. 일반 범죄자들은 모두 다 정도의 차이는 있지만 죄책감, 후회, 공감을 비롯한 감정들을 체험할 수 있다. 극악한 테러리스트에게조차 그들 나름의 도덕률이 있는 것이다. 그래서 일반 범죄자들도 그들 나름대로의 몇 가지 도덕률을 지키려고 노력하며, 양심의 가책을 받으면서 괴로워한다. 그러나 공감능력도 양심도 없는 사이코패스에게는 최소한의 도덕률조차 존재하지 않기에 그들은 항상

자기 멋대로 행동하며, 그 어떤 집단의 법이나 원칙도 따르지 않는
다. 현재 서구사회에서 사이코패스는 그 숫자에 비해 범죄율이 터무
니없이 높으며, 교도소에서 단연 주류를 차지한다. 수감자 중 약 20
퍼센트 정도가 사이코패스로 분류되며 중범죄자의 절반 이상이 사
이코패스 판정을 받는다.[29]

당연한 귀결이겠지만 사이코패스의 사전에 반성이란 존재하지 않
는다. 그들은 항상 책임을 회피하고 남 탓을 해댄다. 심지어 그들은
범죄의 원인이 자신이 아닌 피해자의 잘못에 있다고까지 주장하기
일쑤다.

연쇄살인범 유영철은 고등학교 2학년 때 '야간주거침입 절도'라
는 중범죄를 저질러 처음으로 체포되어 소년원 신세를 지게 되었다.
그러나 그는 반성은커녕 죽을 때까지 범행을 '신고한 피해자와 자
신을 구해주지 않은 종교에 대한 반감과 복수심'을 드러냈다. 그는
경찰수사에서 법정진술에 이르기까지 일관되게 "고등학교 2학년 때
까지 독실한 기독교 신자였으나 사소한 실수를 용서하지 않고 소년
원에 보낸다는 판결을 내리는 순간, 손안에 들고 있던 나무 십자가
를 부러뜨렸고 신을 버렸다"[30]라고 주장했다. 자신이 저지른 범죄
행위는 철저히 무시한 채 오로지 피해자와 종교만 탓한 것이다.

사이코패스는 자신이 저지른 잘못에 대해 후회는커녕 그로 인해 정
복감이나 쾌락을 느끼고, 심지어 자랑스러워한다. 경찰 구속기간이
끝나갈 무렵 연쇄살인범 유영철이 마치 보너스를 준다는 듯이 이문동

출근길 여성 살해사건도 자신이 저지른 범행이라고 자백했던 것도 같은 맥락에서 이해할 수 있을 것이다. 때때로 입으로는 번지르르하게 반성을 해대기도 하지만, 사이코패스는 마치 초식동물을 사냥해 배불리 먹고 나서 한가롭게 낮잠을 자는 사자처럼 나쁜 짓을 하고 난 뒤에도 무엇인가가 걱정되고 켕겨서 한숨도 못 자는 일은 없다.

사이코패스의 특성

'감정능력의 부재'가 사이코패스의 본질적 특성이라는 것은 그것이 다른 모든 특성들을 낳는 원인으로 작용하며, 다른 특성들을 규제하는 힘을 가지고 있다는 뜻이다. 지금까지는 '감정능력의 부재'가 사이코패스가 지닌 일련의 감정영역의 특성들, 특히 양심 부재로 이어진다는 점을 살펴보았다. 그렇다면 이제부터는 감정능력의 부재가 여타의 심리적 특성과 행동특성에 어떤 영향을 미치는지 살펴보기로 하자.

원시적 욕구 추구

　　　　　　　사람은 일련의 생물학적 욕구 그리고 사회적 욕구와 요구를 가지고 있다.[31] 성욕, 식욕, 안전에 대한 욕구 등이 생물학적 욕구에 해당하는데, 사이코패스도 생명유기체를 가지고 있는 존재이므로 당연히 이런 생물학적 욕구를 가지고 있다. 그러나 사이코패스에게는 감정능력이 없으므로 그들은 사회적 욕구와 요구를 발달시키는 데 심각한 문제를 가질 수밖에 없다.

감정이란 사회적 관계의 기초를 이루는 것이므로 사람은 감정능력이 없으면 정상적인 사회적 관계를 맺을 수 없다. 이는 언어와 사고가 발달하기 이전의 유아들이 감정능력 하나만으로도 부모들과 아주 효율적인 관계를 맺는다는 사실을 통해서도 잘 알 수 있다. 아직 말을 하지 못하는 유아도 양육자에게 다양한 방법으로 자신의 감정을 표현함으로써 사회적 소통을 시도하는데, 이에 대해 양육자는 적절한 감정표현과 돌봄행동을 통해 반응해준다. 이러한 쌍방 간의 감정교류만으로도 유아와 양육자는 서로의 마음을 이해할 수 있고, 둘 사이의 관계는 매우 돈독해진다. 후에 여기에 더해 소통의 강력한 무기인 언어가 더해지면 둘 사이는 한층 수준 높은 사회적 관계로 나아가게 된다. 다소 극단적으로 말하면, 이는 언어능력이 없어도 사회적 관계가 가능하지만 감정이 없다면 사회적 관계가 불가능하다는 것을 보여준다고 할 수 있다. 한 마디로 감정능력이 없는 사람에게 정상적인 사회적 관계란 불가능하다고 할 수 있는 것이다.

감정능력이 없는 사이코패스는 정상적인 사회적 관계를 맺지 못하며 그 결과 사회 속 한 구성원으로 자리매김하지 못한다. 따라서 그들은 원칙적으로 오직 사회 속에서만 형성되고 발달하는 사회적 욕구와 요구를 가질 수 없다. 물론 그것들을 비정상적인, 미약한 수준으로는 가질 수 있고 그것이 무엇인지를 사전적 의미로는 이해할 수 있을 것이다. 그러나 적어도 사회적 욕구와 요구가 사이코패스의 삶에 기본적인 동기로 작용하지 않는다고 단정해도 무리는 아닐 것이다. 사이코패스는 사랑, 양심, 운명통제, 정신문화, 자존감(사회적 가치감)이라는 사회적 욕구들을 매우 불구화된 형태로 미약하게 가지고 있을 뿐이며 나라와 민족, 인종, 종교집단, 계급계층, 지역공동체 등의 사회적 요구에는 아예 관심조차 없다. 그들에게 유일하게 의미가 있는 것은 지적 능력으로 포장된 생물학적 욕구들일 뿐이다. 사이코패스 연구자들이 사이코패스의 욕구를 '눈앞에 닥친 필요에 대한 원시적 욕구'라고 지칭하는 것은 바로 이 때문이다.

생물학적 욕구에 충실한 사이코패스가 가지는 특징들은 다음과 같다.

① 자기중심성

심리적인 측면에서 사회적 관계와 단절된 사이코패스에게 사회적 욕구와 요구는 조금도 중요하지 않다. 오직 자신의 동물적인 욕구만이 중요하므로 그들은 철저하게 자기중심적인 욕구를 앞세우고 그것을 즉각적으로 충족시켜 나간다.

사이코패스는 흡사 사냥감을 노리는 육식동물처럼 자신이 관심을 두는 대상에만 무섭게 집착하고 그것을 얻을 때까지 다른 것들은 모두 무시해버린다. 그들이 매사에 독선적인 태도를 보이고 그런 자신을 합리화하면서, '나는 단 한 번도 틀린 적이 없고 늘 옳다'고 생각하는 것도 자기중심적인 욕구만을 추구하는 이기적인 마음이 낳은 필연적 산물이다.

영리하지 못한 사이코패스들은 남들이 추구하는 사회적 가치들을 거의 이해할 수 없기 때문에 식욕과 성욕 같은 생물학적 욕구를 충족하는 데 몰두하는 모습을 노골적으로 드러낸다. 그들은 매우 어설프고 서투른 방식을 동원하고 빈번하게 폭력성을 드러내며 자신의 생물학적 욕구를 실현하려 한다. 반면에 영리한 사이코패스들은 권력과 명예 등과 같은 사회적 목표도 추구할 수 있다. 그러나 사회적으로 가치 있게 여겨지는 목표를 추구한다고 해서 그들이 정상적인 사회적 욕구와 요구를 가지고 있다고 착각해서는 안 된다. 사이코패스는 사회가 아니라 철두철미하게 개인의 욕구만을 좇으므로 그들의 목표는 본질적으로 생물학적 욕구의 사회적 상징물일 뿐이다.

예를 들면 사회적 욕구 중 하나인 양심의 욕구는 개인 차원에서는 아예 제기조차 될 수 없는 것이다. 세상과 완전히 고립되어 무인도에서 홀로 사는 사람에게 양심이란 게 무슨 의미가 있겠는가? 그가 도덕원칙을 어긴다고 해서 누구에게 해가 되겠는가? 기본적으로 양심은 사람을 건전한 사회적 존재로 만들어 사회나 공동체를 유지·발전시키는 친사회적인 기능을 담당한다. 이런 식으로 다른 사회적 욕구도 사회를 유지하고 발전시키는 데서 순기능을 한다. 하지만 사이코패스의 욕구란 사회로부터 고립된 개인이 가지는 것이므로 처음부터 끝까지 사회의 이익과는 무관하며 반사회적인 기능을 수행할 뿐이다. 다만 사이코패스도 어느 정도는 감정능력을 가지고 있고 사회적 관계 속에 들어가고 싶은 욕구도 있을 것이므로, 낮은 수준의 사회적 욕구는 가질 수 있다고 봐야 할 것이다. 이런 점에서 영리한 사이코패스의 욕구란 생물학적 욕구를 기본으로 하되 그 위에 사회적 욕구의 외관이 약간 덧씌워진 변태적인 생물학적 욕구라고 할 수 있다. 아무튼 영리한 사이코패스는 즉각적인 생물학적 욕구보다는 자기 나름대로의 사회적 목표를 추구하면서 비교적 충동성을 잘 통제하고 매력과 화술, 회유와 압박 그리고 수동공격(passive aggression)적 방식을 능숙하게 사용하기도 한다. 그러나 그들도 그런 사회적 기술이 통하지 않으면 곧바로 공격성을 드러낸다.[32] 결론적으로 말해 사이코패스는 지적 수준과 상관없이 본질적으로 자기중심적인 욕구, 생물학적 욕구만을 추구하는 동물적인 존재이다.

② 현재성(단기성)

상당히 영리한 사이코패스라 할지라도 장기간에 걸친 인생목표를 설정하지는 못한다. 왜냐하면 그들은 항상 생물학적인 욕구의 즉각적인 충족을 추구하므로 그것이 일부 사회적 가치들과 결합된다 하더라도 자신의 욕구 충족을 장기간 동안 지연시킬 수는 없기 때문이다. 이런 이유로 인해 그들은 장기적인 전략목표를 설정하고 추구하는 데서는 무능력을 드러낸다.

사이코패스는 철저하게 현재에만 몰두하고 눈앞의 기회를 절대로 놓치지 않으며, 계획하지도 깊이 생각하지도 않는다.[33) 따라서 그들은 이따금 짧게는 강렬한 열정을 가진 것처럼 행동하기도 하지만, 어떤 일에 긴 시간 동안 꾸준히 전념하거나 마무리를 제대로 짓는 경우가 거의 없다. 즉 사이코패스는 항상 즉각적인 만족, 욕구충족을 원하므로 과거나 미래보다는 '현재'를 중요하게 여긴다.

동물처럼 즉각적인 욕구충족에 매몰되어 단기적인 목표만을 좇는 사이코패스의 내면세계란 유치하기 짝이 없다. 그들은 멀리 내다보지 못하므로 장기간의 인생목표를 세울 수 없고 따라서 그들의 내면세계는 이기적인 단기목표들로만 가득 차 있다. 이에 대해 헤어는 "사이코패스의 내면세계는 무미건조한 그림과도 같다. 삶의 철학은 보통 시시하고 미숙하며 정상적인 성인의 삶을 풍요롭게 하는 목표들이 빠져 있다"라고 개탄하기도 했다. 이런 이유로 사이코패스는 규칙이나 규율이 엄격한 조직에 적응하지 못하며, 노동윤리나 성실함이 없기에 한 직업을 장기적으로 유지하지 못한다. 그들은 평생을 삶의 목표도 없이 그저 눈앞에 보이는 먹잇감만을 좇아 이리저리 돌아다닌다. 욕구의 내용과 그 충족방식이라는 측면에서 보면, 원시적인 욕구만을 가지고 그것을 지연시킬 줄 모르는 사이코패스는 동물이나 자기중심적인 갓난아이 수준에서 한 걸음도 더 나아가지 못한 사람이라고 할 수 있다.

③ 충동성

우리는 대부분 건강한 사회적 관계를 위해서는 충동을 억제하기 위해 자기를 통제해야 한다는 것을 알고 있으며 기꺼이 그렇게 한다. 그러나 사이코패스는 사회적 관계에 관심이 없고 그것을 필요로 하지도 않으므로 충동을 억제하기 위해 자기를 통제할 이유가 없다. 따라서 그들은 자신의 욕구에 의해 일어나는 감정이나 충동을 있는 그대로 드러내는 반면 다른 모든 문제들을 무시해버린다. 예컨대 사이코패스는 남들이 있건 말건 남들이 불편해하건 말건 전혀 신경 쓰지 않고 일단 화가 나면 마구 소리를 질러댄다.

자기통제력을 개발할 필요가 없었기에 사이코패스는 대체로 성미가 아주 급하며 실패, 징계, 비판 등을 참지 못하는 등 참을성이나 인내심이 거의 없다. 또한 그들은 매사에 성질을 부리고, 사소한 일이나 미세한 자극으로도 쉽게 폭발해 부적절하게 화를 내거나 공격적인 태도를 드러낸다. 일반적으로 사이코패스는 화가 나거나 좌절하거나 실망하면 즉각적으로 폭력을 휘두르거나 협박을 일삼는다.

사이코패스는 특히 무시나 모욕, 경멸 등에 매우 민감해 그것에 대해 폭발적으로 반응하는 경향이 있는데, 그 이유로는 다음과 같은 두 가지를 추측해볼 수 있다.

첫째, 사이코패스들이 자신의 감정능력 부재 등에 대해 열등의식을 가지고 있을 가능성이다. 감정능력이 없는 사이코패스는 사회관계에서 계속 실패해왔을 가능성이 높다. 그 결과 사람들로부터 자주 '이상한 놈'이라는 손가락질을 받아왔을 것이다. 이런 반복적인 경험들 때문에 사이코패스는 자신이 정상인에 비해 뭔가가 부족한 별종이며, 정상적인 사회관계를 맺을 능력이 없다는 사실에 대해 열등의식과 피해의식을 갖게 될 가능성이 크다. 아마 그들이 타인으로부터의 무시, 모욕, 경멸 등을 아주 민감하게 포착해 폭력을 행사하거나 심지어는 살인을 저지르기도 하는 것은 이와 관련이 있을 것이다.

둘째, 강한 분노의 표현이 무시, 모욕, 경멸 등에 대한 정상적인 반응이라고 학습했을 수 있다. 사이코패스가 공격성을 전혀 통제하지 못하는 것은 아니다. 오히려 그들은 잔인한 폭력을 행사하는 와중에도 자신이 무슨 짓을 하고 있는지를 정상인에 비해 더 냉철하게 인식할 수 있으며, 그것을 능히 제어할 수도 있다. 왜냐하면 앞에서도 지적했듯이 사이코패스의 감정이란 강렬한 신체변화를 수반하지 않는, 깊이가 얕은 피상적인 감정이므로 마음먹기에 따라 쉽게 가라앉힐 수 있기 때문이다. 사이코패스에게는 불같이 폭발하는 것이 그저 짜증내는 것과 마찬가지여서 그들은 자신이 무엇을 하고 있는지 정확하게 인식할 수 있다. 또한 그들은 정상인들이 화를 낼 때와 같은 강렬한 감정적 고양을 경험하지 못하므로, 그들의 공격적인 표현은 놀라울 정도로 이성적이고 '냉정'하다. "통제불능이 된 적이 있느냐?"는 질문에 한 사이코패스는 "그런 적은 없어요. 그냥 상대방을 얼마나 다치게 할 것인지 결정하죠"라고 대답했다. 이런 점을 고려해볼 때, 사이코패스들의 공격적인 행동은 '도발에 대한 자연스러운 반응'[34)]을 학습한 결과일 수 있다.

사이코패스는 타인의 고통을 느낄 수 있는 공감능력이 없는데다가 지극히 충동적이기 때문에 일반인에 비해 훨씬 더 공격적이고 폭력적이며 잔인하다. 그래서인지 북미사회에서는 사이코패스의 폭력전과가 다른 범죄의 두 배에 달한다고 한다.[35)] 그렇지만 사이코패스들은 감정의 깊이가 얕기 때문에 아무리 극단적으로 감정을 폭발시키더라도 그것은 대개 일시적일 뿐이며, 그들은 금세 아무 일도 없었다는 듯이 정상을 회복하곤 한다. 도무지 예측하기 힘든 사소한 자극에도 쉽게 폭발하며, 잔인무도한 악마의 얼굴과 친절한 천사의 얼굴 사이를 순식간에 그것도 자유자재로 오고 가는 사이코패스는 정상인들에게 무시무시한 존재로 다가올 수밖에 없다.

④ 과도한 통제욕구

자기중심적인 원시적 욕구의 충족만을 위해 살아가는 사이코패스는 흔히 과도한 통제욕구 혹은 권력욕을 드러낸다. 그들은 다른 사람을 심리적, 육체적으로 통제하려는 강렬한 욕구를 가지고 있어서 항상 주도권을 잡으려 하고 자신의 권위를 반복적으로 확인하려 한다. 물론 그것을 위해서라면 위협이나 폭력, 강한 매력 등 무엇이라도 거리낌 없이 이용한다.

사이코패스가 권력투쟁에서의 승리에 집착하는 것은 우선 그래야만 자신의 욕구를 마음껏 실현할 수 있기 때문이다. 그들은 자신을 제외한 모든 이들을 자신의 이기적인 목적을 실현하기 위한 이용대상으로만 바라보므로 그들을 완벽하게 통제하려 한다. 사이코패스가 승리에 집착하는 것은 또한 그것이 짜릿한 전율을 느끼게 해주는 매우 재미있는 일이기 때문이다. 사이코패스는 불을 찾아 날아드는 불나방처럼 강렬한 쾌감을 위해서라면 물불을 가리지 않는다. 따라서 위험하고 긴장된 승부 끝에 타인을 굴복시키는 것은 그들에게 무척이나 재미있는 일일 것이다. 사이코패스가 승리에 집착하는 것은 또한 자신의 열등의식을 만회하기 위해서일 수도 있다. 사이코패스에게도 미약하게나마 사회에 소속되고 나아가 사회로부터 인정과 사랑을 받고 싶은 욕구가 남아 있을 것이다. 그러나 그들은 감정능력이 없기에 정상적인 방식으로는 사회적 관계를 맺을 수가 없다. 사이코패스들은 여기에서 오는 열등의식을 보상받기 위해 승부에 집착하고 병적으로 권력을 추구하는 것인지도 모른다.

정상적인 사회적 욕구와 요구를 가질 수 없기 때문에 사이코패스는 사회 속에서 사람의 탈을 쓴 동물로 살아갈 수밖에 없다. 결코 사회에 포함될 수 없고, 사회에 조금도 도움이 되지 않는 이물질이 될 수밖에 없는 것이다. 물론 사회에는 사이코패스 말고도 자신의 이기적인 목적만을 탐하는 짐승 같은 이들이 상당수 존재한다. 그러나 다수의 사회구성원들이 굶어 죽든 말든 상관하지 않고 자기 배만 채우려는 철면피인 사람들조차 사회적 욕구는 가지고 있다. 즉 그들도 가족과 같은 최소한의 사람들에게는 사랑을 받고 싶어 하는 '사랑의 욕구', 가난한 이웃을 착취해 자기 배만 채우는 데 대해 적어도 무의식적으로는 죄책감을 느끼게 만드는 '양심의 욕구' 등 일련의 사회적 욕구들을 가지고 있다. 하지만 스스로의 잘못된 행동으로 인해 그런 사회적 욕구들은 정상적으로 실현될 수 없기 때문에 그들은 필연적으로 심리적 병을 앓게 되고 심한 고통을 받게 된다. 바로 이 대목이 사이코패스와 반사회적인 범죄자의 결정적인 차이점이다. 일반적인 악당들과는 달리 사이코패스는 사회적 욕구를 거의 가지고 있지 않다. 따라서 욕구좌절에 따른 병에도 걸리지 않으며, 그 결과 마음의 고통도 겪지 않는다. 이런 점에서 사이코패스야말로 인간 사회에 섞여 있는 지적인 생물학적 존재, 즉 사람의 얼굴을 하고 있는 짐승이라고 할 수 있다.

**평균 이상의
지적 능력**　　　　중증 정신장애자의 경우 망상이나 환상을 경험하는 등 인식능력이 왜곡되거나 현실감각이 무뎌진다. 즉 정신장애가 심해지면 단지 정서적 문제나 강렬한 부정적 스트레스를 경험하는 데 그치지 않고 지적 능력까지 저하되는 것이다. 그러나 사이코패스는 이런 정신병자들과는 다르게 자신의 행동이 무엇을 의미하며 그것의 원인과 결과가 무엇인지를 잘 인식하는 등 이성적이고 논리적인 사고능력이 손상되지 않는다. 따라서 현재의 정신의학적, 법적 기준에 의하면 사리분별이 가능하다고 인정되므로 사이코패스가 범죄를 저지를 경우 대부분의 사회에서 유죄판결을 받게 된다.

사이코패스의 지적 능력 혹은 지능은 평균 이상이라고 알려져 있다. 이 부분에 대해서는 좀 더 많은 연구가 진행되어야 하겠지만, 적어도 사회생활을 하고 있는 사이코패스의 지적 능력이 평균을 넘는다는 데는 별다른 이견이 없을 듯하다. 연쇄살인범 유영철은 부잣집에 들어가 살인을 저지르고도 돈과 패물을 그대로 두고 나오는 식의 지능적인 수법으로 수사진을 혼란에 빠뜨렸다. 그는 감정의 격화나 충동 따위가 아니라 '철저하게 계획되고 치밀하게 은폐된 범행'[36]을 저질렀는데, 이를 통해서도 사이코패스들이 지적으로 매우 영리할 수 있음을 알 수 있다.

상당수의 사이코패스는 냉정함에 더해 계산된 합리성, 교활함과 명민함, 달변과 설득력까지 갖추고 있어서 사기꾼으로 맹활약하기에 전혀 손색이 없다. 속칭 '화이트칼라 사이코패스'로 불리는 이들은 전문용어를 능숙하게 사용하면서 금융컨설턴트, 성직자, 상담가, 심리학자, 의사 같은 직업을 가지거나 그런 직업인으로 가장하기도 한다.

그렇다면 사이코패스의 지적 능력은 어디까지일까? 그들도 뛰어난 이론가나 학자가 될 수 있을까? 만약 그럴 수만 있다면 사람의 지적 능력은 사회적 욕구나 감정이 배제되더라도 전혀 문제없이 발전할 수 있다는 강력한 증거가 될 수 있을 것이다. 그러나 사이코패스의 지적 능력에는 한계가 분명한데, 이것은 사회적 욕구나 감정의 뒷받침 없이는 지적 능력이 높은 경지에 오를 수 없음을 보여준다.

사이코패스의 지적인 한계는 다음과 같다.

첫째, 사고의 폭이 좁다. 현재의 욕구에만 관심이 있을 뿐 과거나 미래에는 무관심해서 사이코패스는 사고의 폭이 매우 좁다. 멀리 내다볼 수 있어야 거시적인 안목을 가질 수 있고, 장시간에 걸쳐 진행되는 큰 흐름을 예견해볼 수 있을 것이다. 그러나 현재의 욕구에만 묶여 있는 사이코패스는 하루살이 인생을 살고 계획을 자주 바꾸며, 미래에 대해 심각하게 고민하거나 걱정하지 않는다. 따라서 굳이 미래를 내다볼 필요가 없는 사이코패스는 넓은 시야를 확보하기 어려울 것이다. 이런 사이코패스의 지적 한계에 대해 헤어는 다음과 같이 말했다.

> "사이코패스의 생각이나 착상은 상당히 작은 단위로 묶여 있어서 쉽게 바뀐다. 이런 특성은 거짓말을 할 때 매우 유리하다. … 생각 단위가 작기 때문에 자꾸 전체 이야기의 통일성이나 일관성, 완결성을 놓치는 것이다."[37]

이렇게 사고의 폭이 좁다보니 사이코패스는 아주 노련한 거짓말쟁이는 되지 못한다. 즉 그들의 말은 단기적으로는 논리적이지만 길게 이어놓고 보면 앞뒤가 전혀 안 맞는 자가당착에 빠지기 일쑤이다. 나아가 그들은 흔히 자기 행위의 결과를 머릿속에서 그려보는 능력도 매우 부족하다.

둘째, 사고의 깊이가 없다. 지적 능력은 소박하게는 지적인 호기심, 거창하게는 인류의 운명을 개척하려는 요구로부터 심화·발전한다. 즉 적극적인 동기가 지적인 능력을 끌어올린다는 것이다. 미지의 세계를 탐험해보고 싶다는 욕구 없이는 지리학과 항해술의 발전이 있을 수 없고, 사람의 마음을 알고 싶다는 욕구 없이는 심리학의 발전이 있을 수 없지 않은가. 그런데 사이코패스에게는 심도 있는 사고로 이끌어주는 이러한 동기가 없다. 좀 심하게 말하자면 그들의 지적 발전을 추동하는 유일한 동기란 타인을 등쳐먹으려는 욕구라고 할 수 있다. 그러다보니 사이코패스의 지적 능력은 수박 겉핥기처럼 지극히 피상적이다. 즉 그들은 어떤 주제에 대해서든 한두마디 정도는 유창하게 말하지만, 아는 것은 단지 그것뿐이다. 사이코패스는 재치가 넘치고, 말을 조리 있게 하는 유쾌한 대화 상대처럼 보이기도 하지만 그들의 사고와 언어에는 깊이가 절대적으로 부족하다.

셋째, 사고가 산만하다. 장기적인 목표를 성과적으로 실현하려면 치밀한 이행계획과 방법론 등을 사고해야 한다. 또한 그러한 사고과정에는 목표실현에 불필요하거나 부차적인 것들을 배제하고 중심주제에 집중하는 능력이 요구된다. 그러나 장기적인 목표와는 상극인 하루살이 쾌락주의자 사이코패스는 이러한 사고능력을 개발할 필요가 없었을 것이다. 이 때문에 자꾸만 주제를 바꾸고 옆길로 빠지는 등 사이코패스들의 사고는 몹시 산만한 경향이 있다.

단기적으로는 그럴싸해 보일지 몰라도 조금만 길게 보면 사이코패스의 언어와 사고는 이것저것이 뒤죽박죽으로 섞여 있으며 통일성이 결여되어 있다.

넷째, 동기나 감정에 관련된 사고에 매우 취약하다. 사이코패스는 감정능력이 턱없이 부족하고 욕구가 원시적인 수준에 고착되어 있으므로 복잡다양하고 차원 높은 동기나 감정들을 정상적으로 이해할 수 없다. 예를 들면 사이코패스에게 범행동기를 물으면, 정작 동기는 설명하지 못한 채 사건만을 상세히 묘사한다.[39] 이를 통해서도 짐작할 수 있듯이 사이코패스는 단어의 동기적, 감정적 의미를 잘 이해하지 못하므로 그런 사고에 매우 취약하다. 그래서인지 그들은 피도 눈물도 없는 수전노처럼 자신이 얻어낼 수 있는 결과물과 거기에 드는 비용만으로 상황을 평가하곤 한다. 마치 계산기처럼 손익계산을 기준으로 모든 것을 바라보는 것이다. 헤어가 사이코패스를 "다른 사람의 감정세계를 이해하는 것보다 지적인 세계를 더 잘 이해한다"라고 했던 것도 이와 같은 이유에서이다.

비록 영리한 사이코패스들은 현란한 전문용어와 상식 따위를 동원해 자신을 멋지게 포장하곤 하지만 그들의 지적 능력에는 한계가 명백하다. 그들은 기본적으로 원시적인 욕구의 충족만을 위해 살아가기에 지적 능력이 높은 수준으로는 발전할 수 없는 것이다.

과대하게
부풀려진 자아

사이코패스는 지나치게 과장된 자존심과 자만심, 우월감 등을 드러내면서 자기를 과시하는 경향이 있다. 그들은 항상 터무니없는 위세를 부리며 건방지고 오만무례하게 행동한다. 이런 모습은 마음이 건강하지 못한 사람들에게는 때때로 강한 자신감처럼 느껴지므로 매력적으로 다가오기도 한다. 그러나 이러한 자기 자신에 대한 과장된 견해는 객관적 사실과는 전혀 상관이 없는 왜곡된 사고의 결과일 뿐이다. 즉 사이코패스는 자신에 대한 과대망상에 사로잡혀 있고 과대하게 부풀려진 비현실적인 자아상을 가지고 있는 것이다.

사이코패스는 속된 말로 표현하자면 겁대가리가 없고 자신의 능력이 매우 뛰어나 무엇이든 할 수 있다고 생각한다. 또한 자신이 마치 세계의 중심인 것처럼 여기므로 스스로를 자기만의 방식대로 살아도 무방한 특권을 가진 특별한 인간이라고 생각한다. 그래서 그들은 항상 자신을 지나치게 과대평가하는 반면 타인을 심하게 저평가한다. 연구자들은 겸손성이라고는 조금도 찾아볼 수 없는 오만하기

짝이 없는 사이코패스의 자아인식이 '부풀려진 자아상' 혹은 '과대
망상적 자아상'[40] 때문이라고 본다.

  사이코패스는 자신이 마치 메시아라도 되는 듯이 "타인이 희생하
면서까지 자기를 돕는 것은 그 사람에게 영광이며, 이런 영광을 자
기가 그 사람에게 선물한 것이기 때문에 그 사람이 오히려 자기를
고맙게 여겨야 한다"[41]라고 말하기도 한다. 또한 "내가 귀한 시간을
내서 당신을 만나주는 데 깊이 감사해야 하며, 나같이 훌륭한 사람
에게 돈을 빌려주게 된 것을 영광으로 알아야 한다"라고 떠들어대기
도 한다. 이렇게 터무니없이 생색을 내면서 건방지고 교만하게 행동
하기 때문에 제정신이 박힌 사람들은 사이코패스를 몹시 싫어할 수
밖에 없다.

  연쇄살인범 유영철은 이미 소년 시절부터 심한 과시욕, 소유욕,
물욕 등을 가지고 있었다. 그가 고등학교 2학년 때인 1988년 6월에
처음 범죄를 저지르게 된 것은 가난한 집안형편 때문에 갖고 싶은
것을 다 갖지 못하자 도둑질을 해서라도 그것을 소유하기 위해서였
다.[42] 그는 경찰에 체포된 뒤에 한동안 묵비권을 행사했다. 그런데
유영철은 매우 과시욕이 강하고 우쭐대기 좋아하는 심리적 특성이
있는 터라 서울경찰청의 최고위 형사간부인 수사부장*이 직접 자
신을 신문하러 온다는 사실에 흥분했다고 한다. 결국 이러한 자기
과시적인 심리적 특성 덕택에 자백을 시작하
게 되었으니, 이를 통해서도 유영철이 사이코

* 경찰의 '별'에 해당하는 경무
  관으로 서울경찰청 형사들의
  최고 지휘관.

패스임을 가늠해볼 수 있다. 그는 진술과정에서 범죄현장의 현관문을 발로 찰 때 다리털이 몇 가닥 떨어졌을 텐데 못 찾았느냐면서 허세를 부리기도 했고, 자신의 지능지수가 140이 넘는다는 거짓주장을 하고 철학자 쇼펜하우어나 혁명가 체 게바라의 영향을 받았다고 하는 등 과시적이고 자아도취가 심한 면모를 유감없이 드러내기도 했다.[43]

사이코패스가 가지고 있는 이러한 일련의 특징들은 자기애적 인격장애자들에게서도 공통적으로 발견된다. 자기애적 인격장애자는 존경과 관심에 대한 과도한 욕구, 지나친 우월감과 오만함, 이기주의와 동정심 부족(냉담함), 비판 수용능력의 부재 등을 특징으로 갖고 있는데, 이는 사이코패스와 거의 같다. 그러나 '부풀려진 자아상'이라는 공통점에도 불구하고 사이코패스와 자기애적 인격장애자는 다음과 같은 점에서 서로 다르다.

우선 자기애적 인격장애자의 자아상은 사이코패스만큼 견고하지 않다. 사이코패스와는 달리 자기애적 인격장애자들은 의외로 사소한 비난이나 좌절에도 쉽게 의기소침해지고 무력감에 시달리곤 한다. 비록 병적으로 왜곡된 것일지라도 그들의 자아가 아주 단단하다면 그들은 강한 자기 확신에 차있을 것이므로 의기소침이나 무력감에 거의 빠져들지 않을 것이다. 그러므로 비록 그들의 자아가 겉껍질은 과도하게 부풀려져 있으나, 그들의 무의식은 그러한 자아가 속이 텅 빈 왜곡된 허구임을 이미 알고 있다고 간주할 수 있다. 반면에 사이코패스에게는 자신의 자아상에 대한 그런 의심이나 무의식적 자각 따위가 거의 없다. 따라서 그들은 타인들로부터 비난을 받거나 실패나 좌절 등을 겪더라도 의기소침해지거나 무력감에 빠지기는커녕, 강한 분노감을 표시하고 타인들과 세상을 비난한다.

다음으로 자기애적 인격장애자들의 감정능력은 사이코패스만큼 심각하게 손상되어 있지 않다. 이들은 사이코패스와는 달리 감정능력을 가지고 있으므로 자신의 부적절한 사고와 행동으로 인해 심적인 고통을 겪는다. 특히 자기애적 인격장애자를 포함한 거의 모든 정신장애자들은 정도의 차이는 있지만 양심을 가지고 있다. 하지만 감정능력이 없는 사이코패스의 양심은 고장 난 불량품이므로 그들은 양심의 가책이라는 걸 경험하지 못한다. 이 주제에 대해 스타우트는 다음과 같이 설명하고 있다.

> "(나르시시즘을 포함한) 다른 모든 정신의학적 진단들이 그 당사자들에게 얼마간의 개인적 고뇌나 비참을 수반한다는 점이다. 사이코패시는 유독 그 당사자에게 불편함도, 주관적 불쾌감도 야기하지 않는 '질병'이다. 사이코패스들은 대부분 자기 자신과 그 삶에 아주 만족하며, 아마도 이런 까닭에 효과적인 '치료법'이 없다.[44]

감정능력의 부재라는 사이코패스의 고유한 특성은 그들을 다른 모든 정신장애자와는 다른 질적 차이를 갖게 한다. 이런 점에서 사이코패시는 여러 정신장애 중에서도 참으로 두드러지는 독특한 질병이라 할 수 있다.

그렇다면 사이코패스의 과도하게 부풀려진 자아는 왜 생겨난 것일까? 그 원인에 대해서는 다음과 같은 몇 가지 추론이 가능하다.

첫째, 감정능력의 부재가 인지왜곡을 야기하기 때문이다. 정상적인 사고과정은 감정과 연관된 단어나 개념들을 배제한 채 진행될 수 없다. 즉 사람은 항상 중성적인 단어나 개념뿐만 아니라 감정적인 단어나 개념을 모두 활용해 사고활동을 한다. 따라서 이러저러한 사고활동은 크고 작은 감정적 반응을 동반하고 그것은 다시 사고과정에 일정하게 영향을 미치게 되는 것이다. 예컨대 평범한 얼굴을 한 사람이 '나는 세상에서 제일 예쁘다'라는 거짓된 생각을 하게 되면 부끄러움이나 민망함 같은 부정적인 감정을 느끼게 된다. 그래서 그런 자아도취적인 사고는 부정적인 감정에 의해 제동이 걸리므로 정상인은 그런 방식의 사고를 하는 데 한계가 있다. 그러나 이 경우에 만약 부정적인 감정을 경험할 수 없다면, 그런 비현실적인 사고는 제동이 걸리지 않을 위험이 커질 것이다. 이런 식으로 감정능력의 결여는 필연적으로 사고나 인지를 왜곡시키는데, 그것이 사이코패스 특유의 부풀려진 자아상을 만들어내는 하나의 원인이 되는 것이다. 이에 비해 자기애적 인격장애자의 감정능력은 크게 손상되어 있지 않으므로 그들은 자신의 부풀려진 자아상이 잘못임을 적어도 무의식적으로는 인지하고 있다. 즉 그들의 부풀려진 자아상은 사이코패스만큼 견고하지는 않다.

둘째, 객관세계에 대한 협소한 인식 때문이다. 심리적 에너지가 자기 자신에게 묶여 있어 자유롭게 객관세계를 향하지 못한다면, 그 것은 필연적으로 인식과정에도 영향을 미칠 수밖에 없다. 아주 단순하게 말하자면 심리적 에너지가 외부세계로 향하지 못하는 사람은 객관세계에 관심이 없는 사람이므로 그것에 대한 인식활동은 저조할 수밖에 없다. 즉 심리적 에너지가 자기 자신에게 묶여 있는 사람은 필연적으로 객관세계에 대해 무지하며 그 결과 세상을 지나치게 과소평가하게 될 위험성이 커진다는 것이다. 반면에 끊임없이 자기 자신을 향하는 심리적 에너지는 스스로에 대한 지나친 탐닉을 낳을 것이므로 그것은 자신에 대한 지나친 과대평가로 이어질 개연성이 있다. 심리적 에너지가 자기 자신에게 묶여 있다는 점에서 자기애적 인격장애자와 사이코패스는 동일하다. 따라서 둘은 모두 필연적으로 객관세계를 과소평가하는 반면 자아를 부풀리는 인지적 왜곡을 경험하게 될 것이다.

자기애적 인격장애자의 경우 심리적 에너지를 자기 자신에게로 향하게 만드는 주요한 원인은 '결핍된 사랑을 보상하고픈 동기'라고 할 수 있다. 그렇다면 과연 사이코패스에게도 이런 욕구들, 예를 들면 사회에 소속되고 사회로부터 사랑을 받고 싶은 욕구 같은 게 있을까? 스타우트는 사이코패스들이 물건이 아니라 항상 '사람들을 상대로 게임'을 벌이고 싶어 한다는 사실을 근거로 '다른 인간들과 하나라는 어떤 본연의 일체감, 인간 종 자체에 연결된 끈이 사이코

패스 안에 남아있음을 함축한다'45)고 주장한다. 즉 사이코패스에게
도 소속감이나 인정, 사랑에 대한 욕구 등이 미약하게나마 있다는
것이다. 사이코패스에게도 결핍된 사랑을 보상하려는 동기 등이 어
느 정도 존재한다는 그녀의 주장은 타당하다. 그러나 사이코패스의
경우에는 심리적 에너지를 자기 자신에게로 향하게 하는 기본 원인
을 사회적 욕구보다는 그들이 무엇보다도 자신의 '생물학적 욕구실
현에 강하게 집착'한다는 점에서 찾아야 할 것이다. 아무튼 사이코
패스에게 있어서 스스로에 대한 인식은 무한히 확장될 수 있을지 몰
라도, 세계에 대한 인식은 타인을 등쳐먹기에 필요한 정보 이상의
의미를 가질 수 없으므로 어느 지점에서 멈춰 설 수밖에 없다. 그리
고 그것은 필연적으로 자기에 대한 과대평가와 객관세계에 대한 과
소평가로 귀결될 것이다.

　셋째, 세상 사람들이 대부분 약하고 열등하며 속기 쉽다고 생각하
기 때문이다. 아마 이러한 생각은 그 동안 살아오면서 계속 타인들
을 속이고 등치고 협박해 착취하고 지배해왔기에 사이코패스의 굳
건한 신념이 되었을지도 모른다. 그들은 정상인들을 쓸데없는 사회
적 규제에 얽매여 살고, 양심의 가책 따위에 신음하는 한심한 존재
들로 볼 가능성이 많다. 즉 오직 인간포식자, 육식동물이기를 원할
뿐인 사이코패스에게 세상 사람들이란 포식능력이 턱없이 부족한
나약한 초식동물처럼 비쳐진다는 것이다. 만일 세상이 약육강식의
정글이라고 굳게 믿는다면 또 그런 기준으로 스스로를 평가하는 한

사이코패스는 분명히 뛰어난 능력을 가진 존재일 수밖에 없으므로 그들이 '부풀려진 자아'를 가지는 것은 조금도 이상한 일이 아닐 것이다. 이런 측면은 자기애적 인격장애자들에게서는 그다지 찾아볼 수 없는 사이코패스만의 특징이다.

양심이 없고 자기반성능력이 없기에 사이코패스의 부풀려진 자아는 자기애적 인격장애자와는 달리 거의 타격을 받지 않는다. 현재로서는 그들의 왜곡된 자아를 교정하기란 너무나 요원한 일인 듯 느껴진다.

정상적인 사회관계를 맺을 수 없다

사람들은 대체로 자기 자신을 통해 타인을 봄으로써 그들의 마음을 이해하고 추측한다. 마음이 착한 사람이 타인들도 그럴 것이라 믿다가 크게 사기를 당하거나, 마음이 악한 사람이 타인들도 다 자기 같을 것이라 믿고 매수공작을 벌이다가 된서리를 맞기도 하는 것은 그래서이다. 이런 경향성은 보편적이므로 사이코패스 또한 남들이 다 자기 같을 거라고 생각하고 있을 가능성이 농후하다.

사이코패스는 뿌리 깊은 성악설주의자이다. 그들은 오로지 생물학적인, 이기적인 욕구만을 중시하며 감정능력을 상실한 존재이기에 남들도 다 그러려니 한다. 이와 관련해 헤어도 사이코패스가 '모든 사람의 정서적인 삶이 자기들처럼 황폐하다고 믿는 듯'하다고 강조했다. 하지만 적어도 그들은 인생경험을 통해 대다수 보통 사람들의 감정능력이 자신과는 다르다는 점만은 인지하고 있을 것이다. 어쨌든 사이코패스는 정도의 차이만 있지 본질적으로 모든 사람은 자기처럼 개인의 동물적인 욕구만을 추구하는 존재라고 믿는데, 이런 신념은 약육강식의 법칙이 지배하는 자본주의사회 속에서 한층 더 강화된다. 그러니 잔인한 자본주의사회일수록 사이코패스는 더욱더 극악한 성악설 신봉자가 될 수밖에 없을 것이다.

사이코패스는 사회 속에 들어와 있고 타인들과 사회적 관계를 맺고 있다. 그러나 타인들에 대한 그들의 감정적, 사회적 애착은 아주 낮고 피상적인 수준에 머무른다. 왜냐하면 사이코패스는 감정적 불구자이므로 대인관계를 정상적으로 맺지 못하며, 사회적 관계를 그다지 필요로 하지도 않기 때문이다. 책임감, 의무감, 성실성, 신뢰성 등이 없어서 그들은 결코 타인과 따뜻한 정서적 관계, 친밀한 관계를 형성하지 못한다. 그 결과 사이코패스의 인생은 정상인의 평균을 훨씬 웃도는 짧은 결혼, 동거, 인간관계들로 점철된다. 즉 그들의 인생은 수많은 단기적인 인간관계들로만 채워지는 것이다. 사이코패스에게 대인관계란 오직 자신의 욕구를 충족시키기 위한 수단으로서의 가치만 가질 뿐이다.

대인관계에서 드러나는 사이코패스의 특성들은 다음과 같다.

① 착취적인 일방적 관계

자신의 이기적 목적만을 위해 살아가는 사이코패스는 타인을 사랑하고 존중할 줄 모르므로 타인을 지배, 조종, 통제하거나 착취하고 이용하는 일방적인 관계만을 형성한다. 흔히 그들은 노골적이고 폭력적인 방식을 동원해 타인들을 지배하고 착취하지만 때로는 보이지 않는 방식으로 교묘하게 주변사람들을 경제적, 심리적으로 학대하고 착취하기도 한다. 착취의 본질은 '기생성'이므로 사실 사회적인 성공을 거둔 극히 일부를 제외한다면, 성실하게 일하기를 싫어하는 절대다수의 사이코패스는 남들에게 빌붙어 사는 기생적인 생활을 한다. 즉 그들은 입으로는 곧 대박을 터뜨릴 거라고 허풍을 늘어놓지만 실제로는 떠돌이나 부랑자 같은 변변찮은 생활을 하는 것이다. 그러면서도 사이코패스는 너무나 뻔뻔하게 거리낌 없이 그리고 별다른 걱정도 없이 타인들에게 빈번하게 손을 내민다.

사이코패스는 서로를 깊이 이해하고 쌍방이 함께 나누며 서로 도움을 주고받는 상호관계를 지식으로는 알아도 감정적으로는 도저히 이해하지 못하며 그것을 필요로 하지도 않는다. 사이코패스는 가장 가까운 관계로 발전할 가능성이 높은 이성과의 관계에서도 무능하기 짝이 없다. 그들은 이성편력이 무절제하고 아무 거리낌 없이 성을 무기로 삼으며, 성적으로 가까운 이성을 차갑고 냉담하게 대한다. 설사 사이코패스가 결혼을 하고 아이를 갖게 되더라도, 친밀하거나 건강한 대인관계를 결코 맺을 수 없는 그들에게 가족이란 자동차나 가전제품과 같은 하나의 소유물일 뿐이다. 그들은 평생 동안 주변에서 먹잇감을 골라 그들을 지배하고 착취하고 학대하다가 쓸모가 없어지면 아무 미련 없이 내팽개쳐 버리는 패턴을 반복한다.

② 갈등해결 회피

사람들과 부대끼며 살다 보면 필연적으로 이런저런 갈등을 겪게 된다. 만일 이러한 갈등을 다루는 능력이 뛰어나다면 타인들과의 대인관계가 아주 매끄럽고 깊어질 것이다. 반면에 갈등해결을 회피하거나 갈등을 해결하는 데 무능하다면 대인관계는 몹시 껄끄러워지고 그것은 결국 파국을 맞이하게 될 것이다.

단순한 인지적 능력만으로는 갈등을 원만하게 해결할 수 없다. 갈등해결에는 감정능력과 반성능력 그리고 사과할 수 있는 용기가 반드시 필요하다. 누군가와 심하게 다툰 경우를 생각해보자. 그런 다툼이 있고 난 후 상대방을 다시 만났을 때, 서로의 잘잘못을 조목조목 따지면서 "네 잘못은 60퍼센트고 내 잘못은 40퍼센트다. 그러니까 네가 나한테 20퍼센트 더 정중하게 사과를 해야 한다"라고 말한다면 상대방이 납득하겠는가? 아니면 서로의 잘잘못을 떠나 상대방에게 심한 말을 하고 화를 낸 데 대해 먼저 진심 어린 사과부터 하는 게 화해에 도움이 되겠는가? 서로의 잘못을 냉철하게 따져보는 것도 중요하지만 무엇보다도 상대방의 상처받은 마음부터 어루만져주고 자기 잘못부터 반성할 줄 알아야 갈등을 원만하게 해결할 수 있다. 물론 그것을 위해서는 공감능력이나 반성능력 등이 필수적으로 요구될 것이다. 이런 점에서 철저하게 이기적이고 감정능력에 장애가 있으며 반성능력이 없는 사이코패스에게 갈등해결이란 너무나도 하기 싫은 일, 자기능력 밖의 어렵고 난해한 일로 다가올 수밖에 없다. 그렇기 때문에 사이코패스는 한사코 갈등해결을 회피한다. 그들은 격렬하게 다툰 후에도 마치 아무 일도 없었다는 듯한 얼굴로 웃으면서 자연스럽게 말을 걸어온다. 혹은 선물을 잔뜩 사들고 와서 가식적인 반성과 사과, 구태의연한 위로를 늘어놓기도 한다. 그러나 그어떤 경우이든 사이코패스는 항상 갈등을 정면으로 다루지 않고 은근슬쩍 넘어가 버린다. 이런 갈등회피 패턴을 반복하기 때문에 사이코패스와의 관계는 절대로 친밀하거나 깊어질 수 없다. 그리고 자칫 그런 관계에 반복적으로 노출되면 정상인도 갈등을 회피하는 위험한 패턴을 습득하게 될 수 있다.

③ 차별적인 태도

사이코패스는 우월감에 가득 찬 사람이므로 타인을 존중할 줄 모른다. 그들은 자신과 사회적 서열이 똑같은 동료들조차 마치 하인 부리듯 대하며, 자신을 통제하거나 비판하거나 평가하려 드는 사람은 무조건 적으로 간주하고 공격을 퍼붓는다.

개인적인 욕구만을 좇는 사이코패스는 타인들을 자신의 이기적 목적에 얼마나 쓸모가 있느냐 하는 척도로만 평가한다. 그들은 사람들을 이용가치에 따라 착취하고 지배할 대상, 우호적인 후원자로 만들 대상, 영원한 적 따위로 규정하고는 스스로 내린 평가에 따라 그들을 철저하게 차별적으로 대우한다. 예를 들면 직장에 있는 사이코패스는 부하직원들을 경멸하고 멸시하며 그들의 능력을 비웃고 조롱해댄다. 그들은 이용가치가 없는 이들, 아랫사람들을 툭하면 비난하고 모욕해 상처를 주며 무서운 표정과 높은 톤의 목소리로 으르렁대면서 위협하고 재촉해댄다. 반면에 이용가치가 큰 사람에게는 더할 나위 없이 친절하고 호의적이며 재미있게 대한다. 한 마디로 강자한테는 약하고 약자한테는 강한 비열한 행동을 하는 것이다. 이런 식으로 사람에 따라 극단적인 아부와 친절 그리고 지독한 무시와 경멸 사이를 자유자재로 오가는 사이코패스의 모습을 옆에서 지켜보는 이들은 놀라움에 입을 다물지 못한다.

　사람을 가리는 차별적인 태도 때문에 통상적으로 사이코패스는 타인들로부터 극에서 극을 오가는 상반되는 평가를 받게 된다. 누군가에 대한 대중적 평가, 특히 그 사람의 인간성이나 인격에 대한 평가는 필연적으로 다소간 차이가 나게 마련이지만 사이코패스의 경우에는 그 차이가 매우 극단적이다. 따라서 만일 누군가가 주변 사람들로부터 지나치게 극단적 평가를 받고 있다면 그를 한 번쯤은 의심해볼 필요가 있을 것이다.

④ 경쟁심, 시기와 질투

사이코패스는 경쟁심이 지독해서 항상 타인들을 시기와 질투 어린 눈으로 바라본다. 자기만의 동물적 욕구를 실현하는 데 혈안이 되어 있는 사이코패스의 눈에 현재 경쟁상대이거나 경쟁상대가 될 위험이 있는 사람들이 절대로 곱게 보일 리 없다. 승리자는 오직 자기 하나뿐이어야 하고 스포트라이트를 받는 것도 자기 하나만이어야 하기 때문이다. 그래서 그들은 자신이 부러워할 만한 타인들의 자질이나 능력을 끊임없이 훼손하거나 망가뜨리려고 한다.

수단과 방법을 가리지 않고 상대방을 꺾어버리려는 악의적인 경쟁심을 소유한 데다 시기와 질투의 화신이기도 한 사이코패스에게 팀워크와 협동능력을 기대하는 것은 어불성설일 것이다. 집단의 이익, 공동의 목표에는 전혀 관심이 없고 협동이라는 것을 모르는 사이코패스는 항상 일대일의 관계만을 중시한다. 여기에 더해 그들은 협력집단 안에서 끊임없이 사람들 사이를 이간질하고 갈등을 조장한다. 따라서 특정집단 내에 사이코패스가 포함되어 있는 한 단결과 협동이란 절대적으로 불가능해진다. 간혹 범죄를 저지를 때엔 일시적으로 뭉치기도 하지만 사이코패스에겐 깡패들의 의리조차 없어서 그들은 자기 혼자 살기 위해 주저 없이 동료를 배신하고 팔아먹는다.

⑤ 냉담함과 무책임성

감정능력의 부재로 사회관계를 맺을 수 없으며, 사회에 소속되기를 원치도 않으므로 사이코패스는 타인들에게 아주 냉정하고 무자비하다. 그들도 인간이니 최소한의 동정심이나 연민 같은 게 있을 거라고 기대한다면 그것은 큰 오산이다.

사이코패스는 타인이나 사회에 대한 의무감이 전혀 없으며, 자신의 잘못된 행위로 인해 생겨난 결과에 대해 조금도 책임감을 느끼지 않는다. 그들의 무책임성은 삶의 모든 영역에 걸쳐 일관되게 나타난다. 경제생활에서는 돈을 갚기로 한 약속을 지키지 않고 신용카드로 자기 능력한도 이상의 지출을 하며, 사방에 대출금을 널어놓고 청구서는 가볍게 무시한다. 그러다가 곤경에 처하면 주저 없이 가족이나 친구의 돈을 이용한다. 사이코패스는 직장에 다니더라도 지각과 결근을 빈번하게 하고 회사의 자원을 오용하거나 사규를 위반하기 일쑤이다. 사회생활에서는 사회적 규범, 문화적 전통이나 가치를 무시하고 공공의 재산을 훼손하고 사유화하며 운전 등을 부주의하게 한다. 또한 다른 사람들, 조직이나 집단, 원칙이나 규칙 등에 관련된 약속을 지키지 않는다. 사이코패스는 남들 앞에서는 책임 있는 부모처럼 행세할지 모르나 마음 깊은 곳에서는 배우자나 아이들을 귀찮아하므로 가정도 돌보지 않는다.

⑥ 거짓말과 속임수

사이코패스는 입만 열면 거짓말을 한다고 할 정도로 거짓말을 달고 산다. 그들은 타인을 속이고 있다는 죄책감이나 거짓말이 들통

나면 어쩌나 하는 걱정이나 불안감 따위의 감정을 느끼지 못하므로 언제나 극히 자연스럽고 그럴듯하게 그리고 유쾌하고 과감하게 거짓말을 할 수 있다. 또한 사이코패스는 부끄러움이나 창피함 같은 감정을 느낄 수 없기 때문에 거짓말이 탄로 나더라도 조금도 당황해하지 않는다. 오히려 그들은 거짓이 폭로되면 그 어떤 감정적 동요도 없이 곧바로 말을 바꾸기도 하고, 태연하게 또 다른 거짓말을 추가해 그것을 진실처럼 꾸며내거나 자기합리화를 하기도 한다. 그런데 이때의 합리화는 프로이트주의에서 말하는 방어기제로서의 합리화나 인지부조화 이론에서 인지부조화를 해결하기 위한 수단으로 사용되는 합리화와는 질적으로 다르다. 앞의 두 가지 합리화는 모두 부끄러움이나 수치심 같은 부정적인 감정으로부터 자아를 방어하기 위해 사용된 것이다. 그러나 사이코패스는 인지부조화가 발생해도 부정적인 감정을 느끼지 못하므로 그들의 합리화란 감정적인 문제에서 비롯된 게 아니라 사기행각을 완성하려는 동기에서 비롯된 의도적이고 목적의식적인 합리화이다. 약간 주제를 벗어나지만 인지부조화 이론과 관련해 한 가지만 더 언급하자면, 사이코패스는 인지부조화 상태를 조금도 불편해하지 않으므로 일반적으로 그것을 해결하려고 하지 않는다. 예를 들어 자신이 한 거짓말이 탄로 나게 되면 명백한 인지부조화 상황에 직면하게 된다. 따라서 보통 사람들은 부끄러운 감정을 모면하기 위해 거짓말임을 시인하거나 당황해 입을 꾹 다물 것이다. 그러나 사이코패스는 거짓말이 폭로되어 인지부조화가 야기되더라도 자신의 태도나 행동, 신념 등을 바꾸기는커녕 여전히 거짓말을 늘어놓기 일쑤이다. 이처럼 사이코패스의 사고와 언어, 생활 영역에서 인지부조화란 조금도 불편하지 않은 익숙한 일상인데, 이것은 인지부조화를 해결하려는 정상인들의 동기가 기본적으로 감정적, 정서적인 원인으로부터 나온다는 사실을 강력히 시사해준다.[46)]

연쇄살인범 유영철은 체포된 뒤에도 정말이지 꿋꿋하게 거짓말에 거짓말을 거듭해서 표창원은 그를 "그야말로 거짓말이 일상화된 사람이다. 그 입에서 나온 이야기 중에 객관적 사실과 증거로 확인할 수 있는 것을 제외하곤 다 거짓말로 보는 편이 타당할 것이다"라고 평하기도 했다. 유영철은 자기 몸을 무기로 삼은 거짓연기에도 능했다. 그는 우연히 체포되었을 때, 갑자기 간질발작을 일으켜 경찰을 당황하게 만든 후 도주했다. 이후에 다시 체포된 유영철은 호송되면서 또다시 간질발작 흉내를 내고 다리가 아프다며 비명을 지르는 등 온갖 술수를 다 부렸다. 하지만 다행히도 과거의 뼈아픈 경험이 있는지라 경찰이 더는 속지 않았다. 사실 유영철은 1993년부터 1995년까지 국립서울정신병원에서 '측두엽 간질' 진단을 받았고, 그의 가족들도 모두 간질 증세를 가지고 있었다고 한다. 이를 백분 활용하려는 의도에서 그는 자신이 늘 간질발작에 대한 두려움과 간질병으로 죽을 거라는 두려움을 안고 살아왔다고 주장했으나, 실제로는 위기를 모면하기 위해 필요한 경우 발작하는 것 외에는 아무런 문제가 없었다. 즉 범행시기를 기다리거나 20여 명에 달하는 사람들을 살해할 때에는 전혀 간질발작을 일으키지 않았던 것이다.[47]

사이코패스를 길게 그리고 깊숙하게 상대해보지 않은 사람들은 대체로 그들의 거짓말을 곧잘 믿어버린다. 그것은 그들의 거짓말에 늘 약간의 진실이 양념처럼 섞여 있어서이기도 하지만, 보통 사람들은 일말의 감정적 동요도 없이 거짓말을 할 수 있는 사람이 존재한다는 것을 좀처럼 상상하지 못하기 때문이다. 거짓말을 할 때, 정상인들은 상대방의 눈을 똑바로 쳐다보지 못하거나, 손이나 발 등을 움찔거리거나, 목소리가 변하고 떨리거나, 과장된 표정과 몸동작 등을 하게 된다. 그래서 예리한 사람들은 그런 신호를 하나하나 구체적으로 포착하지는 못하더라도 전체적인 느낌이나 직관을 통해 상대방이 감정적으로 동요하고 있다, 즉 거짓말을 하고 있다는 사실을 간파할 수 있다. 그러나 사이코패스는 거짓말을 하면서 그리고 자기가 한 말이 거짓말임이 밝혀진 뒤에도 이런 감정적 신호를 전혀 보여주지 않기 때문에 예리한 눈을 가진 사람들도 그들을 철석같이 믿게 되는 것이다. 그래서 심지어는 명백한 증거를 코앞에 들이댔는데도, 얼굴색 하나 변하지 않으면서 그것을 부인해버리는 사이코패스를 보게 되면 '내가 뭔가 오해를 했나?' 하는 착각과 혼란에 빠져들기도 한다.

사이코패스의 놀라운 거짓말 능력은 경력, 신분증, 문서 등의 위변조 그리고 위조채권이나 부동산 사기판매를 비롯한 크고 작은 갖가지 속임수와 사기행각으로 이어진다. 사이코패스는 상대방의 약점을 간파하는 놀라운 능력을 가지고 있다. 아마도 그들은 모든 세상 사람을 이용대상으로, 먹잇감으로 취급하면서 인생을 살아왔기에 사람들의 약점을 읽어내는 능력을 비상한 수준으로 개발하게 되었을 것이다. 마치 고도의 사기꾼들이 등쳐먹을 상대방의 허점을 찾아내는 놀라운 능력을 개발해온 것처럼. 일단 상대방의 약점을 포착하면 사이코패스는 그것을 공략할 수 있는 모습으로 즉각 변신한다. 그들은 카멜레온 같은 놀라운 변신능력을 소유하고 있어서 상황에 맞게 자신의 이미지를 관리하고 언어와 행동양식까지도 바꿀 수 있다. 만일 상대방이 돈을 밝히는 사람이라면 재벌 2세로, 세속적인 사람이라면 달변의 매력남으로, 동정심이 많은 사람이라면 불쌍한 사람으로 행세하는 식이다. 범죄를 저질러 감옥에 갇힌 사이코패스들은 자기계발 프로그램에 열성적으로 참여하거나 독실한 종교활동으로 일찍 석방되기도 한다.

연쇄살인범 유영철도 상대방의 약점을 미끼로 여성들에게 돈을 갈취해 생활자금을 마련했다. 그는 서울경찰청 형사 신분증을 배지까지 아주 그럴싸하게 위조해 들고 다니면서, 여관에 투숙해 윤락녀를 불렀다. 그리고는 그녀들을 윤락행위 위반혐의로 체포하겠다고 협박해 돈을 빼앗았다. 그는 이 과정에서 여성들에게 빈번하게 폭력을 행사했고, 상대방이 겁에 질리면 수갑을 채워 그 여성들의 숙소에까지 따라가 그곳에 있는 금품을 빼앗기도 했다.

영리한 사이코패스는 자기 포장과 거짓말에 도가 튼 달변의 사기

꾼이어서 그들은 사람들에게 아주 유쾌한 대화 상대처럼 느껴진다. 그들은 칭찬이나 아부 등으로 점찍은 대상의 비위를 맞추고, 끊임없이 갖가지 선물을 보내는 따위의 방법으로 상대방을 매혹시키며, 예술가나 성공한 CEO, 부자나 유명인사, 전문가와 같은 멋진 사회적 가면을 씀으로써 결정타를 날린다.

거짓말과 속임수에 능하기는 사기꾼을 비롯한 범죄자들도 마찬가지다. 그러나 적어도 그들은 아주 가까운 사람들한테는 비교적 진실하며, 범죄를 저지르는 시점이 아니고서는 거짓말과 속임수를 남발하지 않는다. 이에 비해 사이코패스는 삶의 모든 영역에서 그리고 모든 시점에 언제나 자연스럽게 거짓말과 속임수를 쓴다. 그들에게 거짓말과 속임수는 생활 그 자체인 것이다. 나아가 그들은 때때로 자신이 거짓말을 하고 있다는 사실조차 인식하지 못하거나 자신이 거짓말쟁이임을 자랑스러워하기도 한다.

**폭력성과
반사회적 범죄**　　아마 타인들과 사회에 가장 큰 악영향과 심각한 피해를 미치는 것은 사이코패스의 폭력성과 반사회적 범죄행위일 것이다. 자기중심적인 원시적 욕구를 추구하며, 감정능력을 상실해 양심의 가책을 느낄 수 없는 그들에게 있어서 폭력과 범죄는 영원한 인생의 동반자일 수밖에 없다.

본능적 충동을 자제할 이유도 그럴 필요도 없기에 사이코패스는 기본적으로 폭력적이다. 그들은 모든 행동을 공격적으로 하며 항상 폭력과 위협, 우격다짐과 공갈협박을 주무기로 삼는다. 물론 영리한 사이코패스들은 남들을 교묘하게 조종하고 통제하기 위해 거짓말과 속임수, 매력적인 방법들을 사용하면서 신사적으로 행동할 수 있다. 그러나 그런 접근법이 먹히지 않게 되면 그들은 즉각 가면을 벗어던지고 폭력적인 본질을 드러낸다.

사이코패스는 자기 자신만을 위해, 즉각적인 쾌락만을 위해 살아가는 존재이므로 사회적 규범과 기대 등을 아무렇지도 않게 명백하게 위반한다. 이런 지속적인 행동은, 비록 법에 걸려 처벌을 받지 않더라도, 매우 비윤리적이며 타인들에게 커다란 해를 끼친다. 즉 그들은 딱히 법에는 걸리지 않지만 끊임없이 남의 돈으로 사업을 벌여 말아먹고, 경력과 신분을 위조하고, 배우자나 자녀를 경제적으로 방치하고 정서적으로 학대하며, 그저 재미삼아 연애를 하거나 바람을 피우고, 회사의 공금과 자재를 무책임하게 사용하는 등 명백히 반사회적이고 부도덕한 행동들을 하는 것이다.

사이코패스의 폭력성과 반사회적 성향은 쉽게 범죄로 발전한다. 그들은 자신의 생물학적 욕구를 충족시키거나 강렬한 자극을 추구하기 위해 혹은 자신이 모욕당하거나 무시당했다고 느끼면 충동적으로 범죄를 저지른다. 이 때문에 범죄를 저지른 이유를 물어보면, 많은 사이코패스들은 "그냥 하고 싶어서 그랬다"라고 답한다. 하나에 꾸준히 몰두하지 못하는 사이코패스의 불성실성은 범죄에도 그대로 반영되므로 그들은 특정 유형이나 전문 분야 없이 모든 범죄 분야에 두루 도전하는 편이다. 즉 연쇄살인범 유영철이 살인에서부터 좀도둑질, 사기를 가리지 않았듯이 그들은 대체로 아주 잡다한 범죄행각을 벌인다.

사이코패스의 반사회적 범죄행동은 상습적 폭력으로부터 화이트칼라 범죄, 나아가 양심 없는 냉혈살인 혹은 연쇄살인까지 폭넓게 걸쳐 나타난다. 북미사회에서 사이코패스는 전체 인구비율의 1~4퍼센트에 불과하지만 수감자 가운데 사이코패스의 비율은 무려 15퍼센트나 된다.[48] 또한 사이코패스의 재범률은 다른 범죄자의 두 배이며, 사이코패스의 폭력관련 재범률은 다른 범죄자의 세 배에 달한다.[49] 사이코패스의 범죄율은 중년기를 넘어서면 현격하게 감소하기 시작하지만 놀랍게도 그들의 반사회적 행동은 평생 계속된다. 즉 중년기를 넘어서면 그들은 한층 더 영리해져서 법에 걸리지 않는 교묘한 방식으로 반사회적 행동을 하게 되는 것이다.

지금까지 살펴본 여러 특성을 총체적으로 고려해 존재론적 측면에서 사이코패스를 규정해보면, 그들을 사회 속에 침투해 있는 '고도의 지능을 가진 포식동물'이라고 정의할 수 있을 것이다. 그래서인지 사이코패스는 항상 사람들을 긴장시키고 무서움과 두려움을 안겨준다. 이에 대해 헤어는 '사이코패스 앞에 서는 것만으로도 많은 사람들이 몹시 불안하고 불편해한다', 상어의 눈을 연상시키는 '짐승처럼 날카롭고 냉랭한 눈빛이 무섭다'고 표현하기도 했다. 또한 J. 리드 멜로이와 M. J. 멜로이는 사이코패스가 사람들에게 '어쩐지 불안하고 불편하며 피하고 싶고 그러나 무서워서 발은 잘 떨어지지 않는 그런 느낌'을 주는데, 이것은 '원시시대의 무서운 포식동물에 대한 자동적인 반응의 하나'로 해석할 수 있다고 말했다. 이에 근거해 두 사람은 사이코패스를 '인간이라는 종 안에 존재하는 포식자'로 규정했다.[50] 사이코패스는 어쩌면 정상적인 포유동물보다도 못하다고 할 수 있는 낮은 감정능력, 너무나 미약해 없다고 표현해도 무방할 정도인 사회적 욕구와 그에 반비례해 비대해진 생물학적인 욕구, 사회 속에 침투해 정체를 감추고 타인들을 사냥하기에는 충분한 지적 능력을 가지고 있다. 냉정하게 평가하자면 그들은 인간의 얼굴을 한 포식동물, 짐승의 마음이 이식된 컴퓨터 인간인 것이다.

사이코패스의 진단과 유형

사이코패스의 진단

사이코패스를 진단하는 기준은 학자들마다 다소 다른데, 가장 많이 사용되는 것은 미국정신의학회(American Psychiatric Association: APA)가 만든 DSM-IV의 반사회적 인격장애 진단기준과 로버트 헤어가 개발한 사이코패시 진단표(Psychopathy

Checklist-Revised: PCL-R)이다.

미국정신의학회의 DSM-IV가 제안하는 진단기준은 다음 표와 같다.

<table>
<tr><td colspan="1" align="center">반사회적 인격장애의 DSM-IV 진단기준[51]</td></tr>
</table>

A. 다른 사람의 권리를 무시하고 위배하는 광범위한 형태가 있고, 15세 이후에 나타나며, 다음 중 세 가지(또는 그 이상)를 보인다.
(1) 체포의 이유가 되는 행위를 반복하는 것같이 법적 행동에 관련된 사회적 규범을 지키지 못함.
(2) 반복적으로 거짓말을 함, 가짜 이름을 사용, 자신의 이익이나 쾌락을 위해 타인에게 사기를 침.
(3) 충동적이거나 미리 계획을 세우지 못함.
(4) 신체적 싸움이나 폭력 등이 반복됨으로써 나타나는 불안정성 및 공격성.
(5) 자신이나 타인의 안전에 대한 무시.
(6) 일정한 직업행동 또는 명예로운 재정적 의무의 지속에 반복적으로 실패하는 것으로 나타나는 지속적인 무책임성.
(7) 다른 사람을 해하거나 학대하거나 다른 사람의 물건을 훔치는 것에 대해 무관심하거나 합리화하는 것으로 나타나는 양심가책의 결여.

B. 나이는 최소한 18세 이상이어야 한다.

C. 15세 이전에 품행장애(conduct disorder)가 시작된 증거가 있다.

D. 반사회적 행동의 발생은 정신분열병이나 조증 삽화의 경과 중에 발생한 것이 아니다.

헤어가 개발한 PCL-R은 정신병 환자나 일반인에게도 적용이 가능하긴 하지만 원래는 범죄자들을 대상으로 개발되었다. 그래서 현재는 일반인들에 대해서는 PCL-R의 단축판인 PCL:스크리닝 버전(PCL:SV)을 주로 사용한다. PCL:SV는 감정, 대인관계, 생활방식, 반사회성 영역으로 구분된 12개의 문항으로 구성되어 있는데, 각각의 문항에는 2점씩 할당되어 있어 총점 분포는 0~24점이 나온다. PCL:SV의 문항들은 다음 표와 같다.

사이코패스 인격의 네 가지 영역과 특성(PCL:SV)[52]		
대인관계 영역	이 사람은	– 피상적이다. – 허풍을 떤다. – 다른 사람을 속인다.
감정 영역	이 사람은	– 양심의 가책을 느끼지 않는다. – 동정심이 없다. – 책임을 인정하지 않는다.
생활방식 영역	이 사람은	– 충동적이다. – 삶의 목표가 없다. – 책임감을 느끼지 않는다.
반사회성 영역	이 사람은	– 자기 행동을 통제하지 못한 적이 있다. – 청소년일 때 반사회적 행동을 한 적이 있다. – 성인이 되어서 반사회적 행동을 한 적이 있다.

PCL:SV로 진단을 해본 결과 일반인들은 3점 이상을 얻기 힘든 반면 범죄자들의 평균 점수는 13점이며, 사이코패스를 가르는 커트라인은 대략 18점이었다.

위의 두 가지 진단표를 비교해보면 상당히 유사한 항목들을 포함하고 있음을 알 수 있다. 그러나 DSM-IV의 진단기준은 여러 가지 증상을 나열하고는 그 중 세 가지 이상에 해당되면 반사회적 인격장애로 진단하도록 권장하고 있다. 따라서 그것은 폭력성이 두드러지지 않은 화이트칼라 사이코패스는 누락시키고 사이코패스가 아닌 일반 범죄자들을 포함시키게 만들 우려가 있다. 예를 들면 감정능력의 부재나 양심의 부재 등은 사이코패스 진단에 필수적인데 DSM-IV의 기준으로는 감정능력이나 양심이 있는 범죄자도 반사회적 인격장애 진단을 받을 수 있다는 것이다. 다만, 사이코패스에 관한 이해가 있는 임상전문가라면 DSM-IV의 기준을 이용해도 그런 실수는 거의 하지 않을 것이다.

어쨌든 반드시 주의해야 하는 것은 DSM-IV나 PCL:SV 같은 진단표는 일반인들이 이용할 수 있는 자가진단표가 아니라 임상전문가가 이용하는 기준이라는 사실이다. 이 진단표들을 비전문가인 일반인들이 자의적으로 해석하게 되면 엉뚱한 사람을 사이코패스로 단정하는 실수를 할 수 있다. 하지만 비록 사이코패스가 아니더라도 사이코패스적인 특성을 많이 가지고 있는 것은 절대로 좋다고 할 수 없으므로 위의 진단표들로 주변사람을 체크해보는 것이 무익하다고만은 할 수 없을 것이다.

사이코패스의 유형

헤어는 PCL-R과 PCL:SV를 활용해 사이코패스의 유형을 다음과 같이 구분하고 있다. 참고로 일반인들은 네 가지(대인관계, 감정, 생활방식, 반사회성 영역) 모두에서 낮은 점수를 받는다.

① 고전적 유형: 범죄자 사이코패스

네 영역 모두에서 높은 점수를 받는다. 즉 앞에서 언급된 사이코패스의 모든 특성을 다 가지고 있다.

② 조종자 유형: 화이트칼라 사이코패스

대인관계 영역과 감정 영역에서는 높은 점수가 나오지만 생활방식 영역과 반사회성 영역에서는 중간 점수가 나온다. 조종자 유형은 사회생활에서 비교적 문제를 일으키지 않으며, 행동보다는 말이 앞서는 비교적 자기 통제력이 있는 덜 충동적이고 덜 반사회적인 세련된 사이코패스이다. 이들은 지적인 능력이 평균 이상이어서 사회적 상징이나 가치와 결부된 생물학적인 욕구인 '명성이나 부' 등을 추구할 수 있다. 즉 즉각적인 육체적 쾌락이나 욕구충족보다는 사람들을 상대로 고도한 심리게임을 벌이고 그 게임에서 이김으로써 커다란 만족을 얻는 것이다. 또한 이들은 폭력보다는 주로 달변과 매력, 카멜레온 같은 변신술로 타인들을 속이고 조종해 자신의 착취적 목적에 이용한다. 그러나 이들 역시 감정능력이 결여된 사이코패스이므로 갑자기 사람들한테 불같이 화를 내다가도 언제 그랬냐는 듯이 금세 아무렇지도 않게 웃는 등 부적절한 감정표현을 하며, 순간적인 화나 복수를 거의 지연시키지 못한다.

③ 깡패 유형: 깡패 사이코패스

세 가지 영역에서는 모두 높은 점수가 나오지만 대인관계 영역에서는 중간 혹은 낮은 점수가 나온다. 지적 능력이 낮은 편이다. 이들은 기본적으로 말보다 행동이 앞서므로 공격적이고 폭력적이며 난폭한 반면 화술이나 매력, 세련되거나 매끄러운 사회적 기술은 부족하다. 따라서 자신의 욕구를 실현하기 위해 폭력, 공갈협박, 모욕, 공격, 공포감 조성 따위의 수단을 동원하며 거의 모든 이들에게 냉혹하다. 이들은 반사회성이 심해서 세상에 대해 일반적으로 적대적인 태도를 보이며 상대적으로 힘이 약한 대상을 골라서 무자비하게 공격하곤 한다. 특히 누군가가 도발을 하거나 자기를 무시하고 모욕했다고 판단되면 즉각 공격적인 태도로 반응한다.

PCL 진단기준에 의하면 사이코패스의 유형에 따라 네 영역의 점수는 서로 달라지지만 모든 사이코패스는 공통적으로 감정영역에서 높은 점수를 받는다. 이것은 앞에서 계속 논증해왔듯이 사이코패스가 가지고 있는 여러 특성을 기저에서 좌우하는 본질적인 특성이 바로 '감정능력의 부재'(혹은 심한 부족)라는 하나의 증거로 해석될 수 있을 것이다. 그리고 만일 그렇다면 향후 사이코패스 진단방법은 좀 더 정확하면서도 효과적인 방향으로 나아갈 필요가 있을 것이다. 우선 사이코패스의 핵심적인 특성을 좀 더 명확하게 밝힌 기초위에서 그것에 의해 파생되는 부차적인 특성들을 구분해낸다면 단순 병렬적으로 나열된 진단기준이 아니라 한층 구조화된 정확한 진단기준을 확보할 수 있게 될 것이다. 다음으로 사이코패스 진단기준에다 감정능력의 심각한 결함을 객관적으로 측정하는 뇌 검사를 결합시킬 필요가 있다고 생각한다. 예를 들면 앞에서 언급된 중성적 단어와 감정적 단어를 피험자들에게 섞어서 제시하는 실험을 실시하면서 측정기구로 뇌를 검사하고 그 데이터를 축적한다면 감정능력에 장애가 있는 사이코패스의 독특한 뇌 반응을 알아낼 수 있을 것이다.

DSM-IV의 진단기준이든 PCL의 진단기준이든 사이코패스에 대한 정확한 진단은 전문가의 역량에 크게 의존할 수밖에 없다. 즉 어느 진단표를 이용하든 임상적인 경험이나 전문적인 역량이 부족하면 오진을 할 가능성이 높다. 따라서 감정능력의 부재가 사이코패스의 기본특성이라는 데 동의한다면 뇌 검사 기법을 적극 활용할 것을 제안하고 싶다.

사이코패스와 성격특성

현재까지는 사이코패스 비율에 남녀 간 차이는 없는 것으로 보고되고 있다. 그러나 남녀 사이코패스의 인격적 특성이 동일하더라도 성차에 따라 그 표현방식은 크게 달라질 수 있다. 예를 들면 남자 사이코패스가 폭력적인 방법을 주로 사용한다면 여자 사이코패스는 동정심을 유발하거나 성적인 매력을 무기로 사용하기도 한다. 그러나 이것은 단지 표현방식만 다를 뿐이지 어디까

지나 그 본질은 같다.

사이코패스와 심리적 유형 간의 관계에 대해서는 연구된 바가 거의 없다. 그러므로 여기에서는 성격특성과 사이코패스적 특성 간의 연관성을 추측해보는 수준에서 논의를 전개할 수밖에 없을 것 같다.[53]

① I(내향형, Introversion)−E(외향형, Extroversion)

북미권의 사이코패스 연구에선 대체로 외향형(E)의 특성을 가진 사이코패스들이 많이 보고되고 있다. 상당수의 사이코패스들이 보여주는 청산유수의 달변과 심지어 '언어의 홍수', '언어의 구토'라고 표현될 만큼 많은 말 그리고 뛰어난 사교술이나 쾌활함 등은 전형적인 외향형(E)의 특성이다. 또한 깊이는 부족하나 잡다한 상식이 많고 다방면적인 전문가 행세를 할 수 있는 것도 외향형(E)에 해당된다.

그러나 내향형(I)에 비해 외향형(E)의 사이코패스 비율이 더 높다고 단정할 근거는 없는 것 같다. 왜냐하면 미국은 인구 통계적으로 외향형(E)이 다수인 것으로 보고되고 있기 때문이다. 또한 외향형(E)은 사회활동을 왕성하게 하므로 사이코패스임이 쉽게 드러날 수 있지만 내향형(I)은 그렇지 않으므로 연구대상에 잘 포함되지 않을 가능성이 있다.

드물기는 하지만 북미권 일부 연구의 사례에는 내향형(I) 사이코패스도 등장한다. '높은 IQ를 지녔음에도 본디 수동적'이고, 말이 빠르지 않고 활기가 부족하며 '아무것도 하지 않는 것, 일을 멀리하는 것, 다른 누군가에게 기대어 편안한 생활을 누리는 것'[54]을 추구하는 사이코패스를 예로 들 수 있다.

한국처럼 내향형(I)이 다수인 사회에서는 사이코패스의 비율이 어떻게 나타날까? 비록 극소수이지만 지금까지 내가 경험했던 한국의 사이코패스들은 다 외향형(E)이었다. 그러나 그것은 단지 사회성이 부족한 내향형(I) 사이코패스들은 사기꾼으로 활약하지 못하고 따라서 세상에 잘 드러나지 않는다는 사실의 반영일 수 있다.

② S(감각형, Sensation)–N(직관형, iNtuition)

북미권의 연구에 등장하는 사이코패스들은 한결같이 감각형(S)이다. 그들은 상대방의 머릿결이나 눈빛 같은 구체적인 신체부위의 특징을 예리하게 포착해 칭찬을 늘어놓기도 하고, 살인행위를 저지른 후에 그것을 아주 사실적이고 구체적으로 묘사하는 능력을 보여준다. 또한 통상적으로 그들의 자아상은 '사랑, 통찰력, 동정심 같은 추상적 개념이 아닌 재산이나 성공, 권력과 같은 가시적 항목에 의해 정의'[55]된다. 이는 모두 추상적인 개념보다는 구체적인 외부자극에 민감한 감각형(S)의 특성들이다.

사이코패스가 비록 착취적이고 기생적이며 반사회적이지만 그런대로 사회생활을 해나가는 것, 그들의 범죄율이 40세까지는 매우 높다가도 이후부터 가파르게 감소하는 것 등은 사이코패스에게 현실감각*이 있음을 암시해

* 사실 현실감이 없으면 능란하게 속임수나 사기를 치기가 어렵다.

준다. 물론 이 현실감각(S)은 감각형(S)의 가장 중요한 특성 중 하나이다.

그렇다면 사이코패스의 절대다수는 감각형(S)일까? 여기에 대해서는 쉽게 단정을 내릴 수가 없다. 현실감각이 부족하거나 지적 능력이 부족한 직관형(N)은 일반적으로 사회생활에서 크게 곤란을 겪거나 덜떨어진 고문관 취급을 당하기 십상이다. 이런 직관형(N)이 남을 등쳐먹기란 거의 불가능에 가깝다. 만약 여기에 더해 그가 사이코패스라서 감정능력까지 턱없이 부족하다면 그는 아마 사회생활을 정상적으로 할 수 없다고 추측해도 무리가 아닐 것이다. 따라서 직관형(N) 사이코패스가 전혀 없다고 단정할 근거는 없으나, 적어도 직관형(N) 사이코패스들은 사이코패스 진단을 받기 전에 이미 다른 정신장애나 발달장애 판정을 받아 사회로부터 배제되었을 가능성이 크다. 이런 점에서는 사회에서 문제가 되는 사이코패스들은 모두 감각형(S)이라고 보아도 될 것이다.

③ F(감정형, Feeling)−T(사고형, Thinking)

감정형(F)은 사고형(T)에 비해 공감능력을 포함한 감정능력에서 우수하다. 따라서 분명히 감정능력의 손상은 감정형(F)보다는 사고형(T)에게 훨씬 더 치명적일 것이다. 그러다 보니 심리적으로 건강하지 못한 사고형(T)은 사이코패스와 매우 비슷한 특성을 공유하며 비슷한 느낌을 준다. 즉 불건강한 사고형(T)과 사이코패스는 아주 가까운 친척관계인 셈이다.

　반면에 비록 선천적인 감정형(F)이라 하더라도 그가 감정능력을 상실한 사이코패스라면 그는 더 이상 감정형(F)의 특성을 가지지 못하게 될 것이다. 좀 단순하게 말하자면 그는 사고형(T)이 되어버리는 것이다. 이런 의미에서는 감정형(F) 사이코패스란 존재할 수 없다고 말할 수도 있다.

④ J(실천형, Judgement) – P(인식형, Perception)
사이코패스는 다음과 같은 특성들을 가지고 있다.

- 장기목표와 계획성의 부재: 입으로는 거창한 목표를 떠들더라도 그것을 달성하기 위한 계획도 방법도 모르며, 그것에 필요한 교육을 꾸준히 받을 생각도 하지 않는다. 즉 사이코패스는 미래를 생각하지 않으므로 현실적인 장기계획이 없고 계획을 자주 바꾸며, 그 결과 고질적으로 불안정하고 목적 없는 인생을 살아간다.
- 임기응변에 능하고 순간적인 재치가 있다: 변화된 상황에 알맞게 행동양식을 쉽게 바꿀 수 있고, 위기상황에서 순발력을 발휘해 그럴싸한 해결책이나 거짓말을 만들어낸다.
- 비구조적이고 비체계적이다: 말을 할 때 두서없이 횡설수설하고 이 주제에서 다른 주제로 건너다니기도 한다.

- 관심과 흥미가 다방면적이다: 박학다식, 다재다능하며 다방면
  에 관심과 흥미가 있다. 이곳저곳을 기웃거리며 자주 이사를 가
  거나 직장을 옮긴다.
- 충동성(자기통제능력, 집중력 부족): 언제나 강렬한 자극을 갈망하
  고 현재의 쾌락에만 몰두하므로 방탕하거나 스릴 넘치는 위험
  한 생활을 한다. 마약이나 술을 탐닉하기도 하고 위기상황을 즐
  기기도 한다. 충동적이라 예측하기 어렵고 부주의해 좀처럼 신
  뢰할 수 없다.
- 지루함을 참지 못함(불성실성): 일상의 단조로움을 견디지 못해
  쉽게 지루해하므로 장기간 성실하게 노동을 하지 못한다.
- 조직성과 규율성 부족: 조직이나 집단에 대한 충성심이 부족해
  스파이, 테러리스트, 갱으로도 성공하기 어렵다.

안타깝게도 지금까지 열거한 사이코패스의 특성들은 비록 강약의
차이는 있지만 인식형(P)의 특성과 상당 부분 일치한다. 실천형(J)의
특성이 인류의 사회적, 집단적 실천활동 속에서 생겨나고 발전해온
것이라면 인식형(P)의 특성은 다소 개인적이고 원시적인 생활양식
에 뿌리를 두고 있는 것으로 추정되는데, 대다수의 사이코패스는 후
자에 해당할 것이다. 그러나 사이코패스가 모두 인식형(P)이라고 섣
불리 단정할 수는 없다. 왜냐하면 일부 화이트칼라 사이코패스들은
제법 장기적인 목표와 계획을 세우고 치밀하게 준비를 하는 모습도

보여주기 때문이다. 또한 참혹하고 잔인한 살인현장인 연쇄살인범 유영철의 원룸은 정말 믿어지지 않을 정도로 깔끔하게 정돈된 모습이었고 그의 범행들은 대부분 고도의 계획성과 치밀함을 보여주고 있기 때문이다. 이런 점에서 실천능력이 더 높기 때문에 실천형(J) 사이코패스가 인식형(P)보다 사회에 훨씬 더 치명적일지도 모른다.

지금까지 검토해보았지만 감정형(F)-사고형(T)을 예외로 한다면 아직까지는 심리적 유형에 따른 사이코패스의 비율에 차이가 있다는 뚜렷한 증거는 없다. 그러나 불건강한 ESTP(007: 제임스 본드)가 성격적으로는 사회에서 맹활약하는 대다수의 사이코패스에 가장 가까이 근접해 있다는 점을 부인하기 힘든 것 또한 사실이다.

신중한 추정치를 근거로 한 헤어의 연구에 의하면 현재 사이코패스는 북미에 약 200만 명, 뉴욕 시에만 약 10만 명이 존재한다.[56]

무엇이 사이코패스를 만드는가?

사이코패스의 본질적인 특성이 '감정능력의 부재 혹은 심각한 손상'에 있다는 사실은 다음과 같은 추론을 가능하게 해준다.

첫째, 사이코패스는 태내기 혹은 생애 초기에 이미 감정능력에 심각한 손상을 입었거나 장애가 생겨났다. 감정발달도 사고능력의 발달처럼 평생 계속되는 것이긴 하지만, 크게 구분해보면 감정능력은 주로 생애 초기에 집중적으로 발달하는 반면 사고능력은 언어를 습득하는 시점부터 집중적으로 발달한다. 따라서 유아의 사고능력이 본격적인 궤도에 오른 후부터는 대체로 언어와 사고의 발달이 기본이 되고 감정발달은 다소 부차적인 지위에 머무른다. 이런 점에서 언어습득 이전까지를 주로 감정이 발달하고 그것에 기초해 초보적인 사회적 관계를 형성하는 시기로 보아도 무방할 것이다.

사이코패스는 언어습득 이전에 이루어지는 감정발달 과정에 심각한 문제가 있는 사람일 것으로 추정된다. 왜냐하면 그들의 감정은 원칙적으로 '쾌-불쾌'라는 최초의 원시적인 감정 수준에 머무르고 있는 것으로 평가되기 때문이다. 감정능력의 미발달이 사이코패스를 탄생시키는 과정을 도식적으로 정리해보면 다음과 같다.

사이코패스의 탄생과정
감정발달 장애(태내기, 생애 초기에 시작) → 초보적인 사회관계에서의 장애(애착장애 포함) → 사회적 욕구 미발달(원시적, 생물학적 욕구에 고착됨) → 사고능력의 문제(지적 제한성과 인지왜곡 등을 포함하는 불완전한 사고) → 정상적인 사회관계를 형성하지 못함(사회 속의 육식동물) → 사이코패스

둘째, 사이코패스의 징후들은 아주 어린 시절부터 드러나기 시작할 것이다. 사이코패시는 언어습득 이전에 이미 시작되므로 그 증상들은 아주 이른 시기부터 나타난다. 그것은 기본적으로 부적절한 감정반응이나 공감능력의 부재, 부적절한 사회적 반응 등으로부터 시

작해 다양한 문제행동으로 발전해나간다. 지독한 자기중심성, 충동성, 끊임없는 거짓말, 사기와 속임수, 도둑질, 방화, 무단결석, 학교에서의 파괴적인 행동, 규칙과 규범 무시, 급우 괴롭히기, 공공시설 파괴, 폭력, 가출, 이른 성행위 등 여기에는 그 무엇이든 포함될 수 있다.

일부 학자들은 ADHD(주의력결핍 및 과잉행동 장애)와 품행장애가 사이코패스의 전조라고 주장하기도 한다. 물론 꼬마 사이코패스의 제반 특성들은 전반적으로 ADHD와 품행장애의 증상들과 겹칠 것이므로, 그런 아이들은 ADHD와 품행장애 진단을 받을 가능성이 매우 높을 것이다. 그러나 ADHD와 품행장애를 사이코패스의 원인으로 볼 수는 없다. ADHD나 품행장애뿐만 아니라 소아우울 등도 여러 문제행동의 원인이 된다는 사실을 고려해볼 때, 어린이들의 문제행동을 사이코패스와 연결시키는 일에는 신중에 신중을 기해야 한다. 즉 여러 가지 문제행동보다는 과연 그 아이들이 사이코패스의 핵심 특성을 가지고 있는가를 우선적으로 검토해야 한다는 것이다.

셋째, 일단 감정능력에 심각한 장애가 생기면 어린 시절의 가정환경이 비교적 양호하더라도 사이코패스가 될 가능성이 매우 크다. 입양아를 대상으로 한 연구에 의하면 사이코패스 아이는 지적 능력이 높아져 세상에 눈을 뜨기 시작하면서부터 사기와 협박을 일삼았다. 또한 사이코패스 어린이들은 특별한 문제가 없는 가정에서 자라더라도 10~12세에 이미 도둑질, 마약, 자퇴, 섹스에 눈 뜨는 경우가 많았다.[57] 일단 유아의 감정발달에 심각한 장애가 생기게 되면 그것은 일련의 진행순서에 따라 그 아이를 사이코패스적 인격으로 성장시킬 것이다. 따라서 양육자들이 아주 이른 시기에 그 아이의 감정능력을 정상수준으로 회복시키지 못한다면 이후의 그 어떤 노력과 시도도 사이코패스로 나아가는 경향성을 꺾지 못하게 될 가능성이 크다. 대체로 부모들은 아이가 이상 징후를 보여도 '저러다 곧 좋아지겠지'라고 생각하며 대수롭지 않게 여기는 경향이 있다. 그러나 만일 아이의 문제가 심각한 감정발달 장애라면 그것은 머지않아 부모의 인생을 완전히 망가뜨리게 될지도 모른다.

헤어는 '부모의 어떤 행동으로 인해 사이코패시가 발생한다는 증거는 전혀 없다'고 주장하는데, 이는 지나친 판단인 것 같다. 비록 건강한 부모들이라 하더라도 아이의 감정능력 복원*에 정확하게 초점을 맞추지 못한다면, 그 아이가 사이코패스가 되는 걸 막을 수 없을 것이므로 부모들에게 책임을 물을 수 없다는 주장은 옳다. 그런데 헤어는 일련의 사례들을 제시하면서 사이코패스를 양육한 부모들이 건전하다는 근거들로 다음과 같은 것들을 꼽고 있다. 부유함, 명망 있는 집안배경, 따뜻하고 애정 어린 부모, 청소년기부터 나타나기 시작한 문제행동을 번번이 감싸준 부모…. 자세한 내용을 알 수 없어 과연 사이코패스가 '따뜻하고 애정 어린 부모' 밑에서 자랐는지에 대해서는

* 안타깝게도 생애 초기의 감정능력 손상을 과연 정상에 가깝게 회복시킬 수 있는지에 대해서는 아직 보고된 임상사례가 없는 것 같다. 그러나 유아들의 뇌가 가진 놀라운 유연성을 고려하면 목적의식적인 감정능력 복원작업을 불가능하다고 단정할 이유는 없다.

뭐라고 할 수 없지만, 적어도 그것을 제외한다면 나머지 근거들은 '건전한 부모'와는 관계가 없거나 오히려 거리가 멀 수 있다. 특히 자식의 문제행동을 감싸주는 부모는 임상적인 견지에서 볼 때 결코 건강하다고 볼 수 없다.

'부유하고 명망 있는' 사람들로 묘사된 '21세의 테리' 부모의 양육태도를 헤어는 다음과 같이 설명한다. "난폭한 행동이나 한계를 시험하는 행동, 각종 범법행위로 점철된 청소년기 내내 그의 가족은 그를 정서적·경제적으로 감싸주었고, 그 덕분에 과속·난폭운전·음주운전 등을 끊임없이 반복했음에도 불구하고 한 번도 유죄판결을 받지 않았다."[58] 또한 변호사 아버지와 성공한 연극배우인 어머니 밑에서 '좋은 교육'을 받고 성장한 36세의 캐롤라인의 부모는 '문제가 있을 때마다 … 그녀를 도왔다.'[59] 아마 상식이 있는 임상전문가라면 아이가 문제행동을 할 때, 부모가 그것을 극구 부인한다면 그들을 건강하다고 인정하지 않을 것이다. 예를 들면 헤어의 사례에 등장하는 '부인(否認)'이라는 방어기제를 심하게 사용하는 엘리스의 어머니 헬런이 여기에 해당한다. 그녀는 딸인 "엘리스가 이미 감옥을 제집처럼 드나들고 있었는데도 … 인정하려 들지 않았고, 자신이 살아 있는 한 아이를 단 하루도 감옥에 버려둘 수 없다고 버텼다."[60]

임상전문가들은 자식이 문제행동을 할 때 그것을 감싸주는 걸 사랑이라고 보지 않으며, 그런 부모의 마음을 건강하다고 판단하지도 않는다. 한 마디로 아이를 잘 키우는 건강한 부모는 자식의 문제행동을 회피하지 않고 솔직히 인정하며, 자식의 문제행동을 반복적으로 감싸주지도 않는다. 이런 점에서 헤어는 사례를 많이 보는 것 못지않게 각 사례들을 임상적으로 좀 더 깊이 파고 든 뒤에 신중하게 부모들의 심리적 건강성을 판단했어야 한다. 그랬다면 적어도 자식의 문제행동을 '부인'함으로써 회피하는 부모들, 무조건 자식을 감싸줌으로써 결국 자식을 망치는 부모들을 '건전한 부모나 가정'이라고 주장하는 임상적인 판단오류는 면할 수 있었을 것이다. 결론적으로 말해 사이코패스의 탄생에 미치는 부모의 영향에 대해서는 아직까지는 헤어처럼 '전혀 없다'고 단정할 증거가 없다. 이 주제에 대해서는 더 많은 연구가 진행되어야 할 것이다.

어쨌든 꼬마 사이코패스를 감별하는 데에는 여러 문제행동뿐만 아니라 다음과 같은 두 가지 기준을 중요하게 검토해볼 필요가 있다.

① 정상아동에 비해 심하게 부족한 감정능력과 부적절한 감정표현
꼬마 사이코패스라면 반드시 감정능력에 장애가 있을 테니 그것은 다음과 같은 현상들로 나타날 것이다. 실수나 잘못을 저질러 부끄러움이나 수치심, 죄책감을 느껴야 할 장면에서 오히려 웃거나 뻔뻔한 표정을 짓는 식으로 상황에 맞는 적절한 감정을 표현하지 못한다. 동정심이 거의 없고 타인의 감정이나 고통에 무관심하며 이해하지도 못한다. 겁이 없으며 체벌의 위협이나 질책 등에도 두려워하는

감정적 반응을 보이지 않는다. 감정의 기복이 매우 심하고 특히 즐거움과 격렬한 화 사이를 오간다.

② 동물학대 혹은 죽이기와 같은 잔인함과 냉정함

유년기의 동물학대는 사이코패스를 가늠하는 중요한 잣대가 될 수 있다. 일반적으로 화가 많이 난 아이들은 곤충이나 동물들 나아가 형제나 친구들을 괴롭히는 경향이 있다. 그러나 꼬마 사이코패스는 그저 재미로 그런 행동을 하며 후에도 그것을 일상적이고 무미건조한 일로 회상하거나 심지어 유쾌한 일로 묘사하기도 한다. 연쇄살인범 김해선은 어린 시절부터 재미삼아 강아지 같은 약한 동물들에게 심한 가학행위를 했고, 중학생 때는 별다른 이유 없이 낫으로 이웃집 황소의 배를 찍어 죽이기도 했다. 그래서 주위사람들의 기억에는 어린 김해선이 '가까이하기 싫은 무섭고 이상한 아이'로 남아 있었다.[61]

만일 사이코패스를 탄생시키는 뿌리가 감정발달 장애에 있다면 그런 장애는 무엇 때문에 생기는가?

유 전

　　　　　일련의 쌍둥이 연구들에 의하면 이란성 쌍둥이보다 일란성 쌍둥이에서 사이코패스의 일치율이 높다.[62] 이는 사이코패스적인 특성들이 유전될 수 있음을 보여주는 하나의 증거이다. 즉 어떤 사람들은 감정발달을 어렵게 만드는 신체적 문제*를 태어날 때부터 떠안고 있다는 것이다. 그러나   * 주로 뇌의 문제일 것이다. 정상적인 부모 슬하에서 사이코패스가 태어나기도 하고, 사이코패스 부모의 자식들이 멀쩡하기도 하므로 유전적 패턴이 어떻게 나타나는지에 대해서는 좀 더 많은 연구가 필요하다.

  사이코패스적인 특성을 선천적으로 타고날 가능성을 배제할 수는 없지만 그것만이 유일한 원인은 아니다. 만일 사이코패시가 유전적으로만 결정된다면 그것은 각 사회마다 그리고 매 역사적 시기마다 일정한 비율로 존재해야 할 것이다. 그러나 사이코패스는 일부 동아시아 국가들에서는 비교적 드물게 나타나는 것으로 보고되고 있다. 태국의 도시 및 농촌지역에서 실시된 연구들에 의하면 전체 인구에서 차지하는 사이코패스의 비율은 서구세계 * 헤어의 엄격한 기준에 입각한 의 평균인 대략 4퍼센트*에 비해 현격하게 낮 추정치에 의하면 1퍼센트이다. 은 0.03~0.14퍼센트이다.[63] 다니엘 골먼(Daniel Golemon)은 1987년 〈뉴욕 타임즈〉에 기고한 글에서 "연구결과에 따르면 일반적으로 전체 인구 중 2~3퍼센트 정도가 사이코패스로 추정되며, 도시의 핵가족제도하에서는 두 배나 높아지는 것으로 나타났다"라고 주장했다.[64] 이런 연구결과들은 사회문화 혹은 거주환경에 따라 사이코패스의 비율이 달라질 수 있음을 시사해준다.

  또한 사이코패스의 비율은 사회문화에 따라 다를 뿐 아니라 역사적 시기에 따라서도 다르다. 대다수의 연구자들은 현대사회에서 사이코패스가 증가일로에 있다는 사실을 인정한다. 특히 미국의 경우 사이코패스 유병률은 점점 더 증가하고 있다. 미국국립정신건강연구소(National Institute of Mental Health)의 후원으로 실시된 1991년도 역학권역별연구에 의하면 미국 젊은이들의 반사회적 인격장애* 유병률은 15년 사이에 두 배로 증가했다. 스타우트는 이에 대해 "그처럼 극적으로 빠른 변화를 유전학이나 신경생물학으로 설명하기란 거의 불가능하리만큼 어렵다"라고 단언했다.[65] 결론적으로 말하자면 사이코패스에 유전적 요인이 영향을 미치기는 하지만 그것이 사이코패스의 기본 원인은 아니다.

> * 헤어의 엄격한 기준에 따르더라도 사이코패스 증가율은 비슷하게 높아졌으리라고 가정할 수 있다.

**태내기와
생애 초기의 손상**　　일부 학자들은 '애착장애(attachment disorder)'가 사이코패스의 원인이라고 주장한다. 예를 들면 1987년에 출간된 《고도위험: High Risk》에서 매지드(Ken Magid)는 중요한 발달단계인 생후 두 살까지 부모와 아이 사이에 심리적 결속이 이루어지지 않으면 사이코패시를 비롯한 심리적, 행동적 문제가 발생할 수 있다고 주장했다.[66] 그러나 애착장애를 지닌 사람들은 매력적이지 않으며, 그것이 비록 착취적이고 피상적이라 할지라도 대인관계에 능란하지 못하다. 또한 적어도 그들은 사이코패스에 비하면 감정능력이 정상

적이다. 사이코패스는 감정능력이 손상되어 있으므로 정상적인 애
착을 형성하지 못할 것이다. 그러나 사이코패스는 필연적으로 애착
장애를 경험하겠지만 애착장애자가 반드시 사이코패스가 되지는 않
는다.

 또 다른 학자들은 '유년기 학대'를 사이코패스의 원인으로 지목한
다. 사이코패스가 정상인보다 사이코패스적 특성이 강하거나 알코
올중독인 아버지를 가진 비율이 높다는 증거들, 그리고 아동기의 일
관성 없는 양육 또는 전적인 방치가 성인기의 사이코패시와 상관관
계가 있다는 증거들이 있다.[67] 연쇄살인범 김해선의 아버지는 습관
적으로 어린 김해선에게 심한 폭력을 행사했으며 때로는 아들을 발
가벗긴 채 벨트로 온몸을 때린 후 집 밖으로 내쫓기도 했다. 또한 월
남전 참전용사였던 유영철의 아버지는 가정폭력을 일삼았고 술과
도박, 여자에 빠져 가산을 탕진했다. 아버지의 이혼과 재혼으로 어
린 유영철은 7세부터 아버지와 계모에게 맞으면서 자랐다. 다행히
초등학교에 진학한 후에는 어린 유영철을 친어머니가 데려다 키웠
으나 그는 계속 말썽을 부리고 거짓말을 일삼았다.[68] 헤어는 이런
견해에 대해 '전혀 사실이 아니다'라고 강경한 어조로 반대하는데,
이는 기본적으로 타당하다. 처참하고 불행했던 유년기를 경험한 아
이들이 모두 사이코패스가 되는 것은 아니며, 단지 생애 초기의 감
정발달에 장애가 있는 아이들만이 사이코패스로 성장한다. 즉 유년
기의 심리적 상처나 불우한 경험은 이미 시작된 사이코패스적 증상

을 악화시키는 역할을 할 뿐 사이코패시의 원인은 아니다.

현재로서는 사이코패스의 원인이 태내기와 생애 초기에 발생한 감정능력을 담당하는 뇌 영역 손상에 있다는 가설이 가장 진실에 가깝다. 이러한 치명적인 손상은 감정능력을 가질 수 없게 하고 그것은 사회적 관계를 형성할 수 없게 함으로써 사회적 욕구와 지적 능력의 발달에도 일련의 장애를 초래해 결국 사이코패스의 다양한 특성들을 만들어낼 것이다. 그렇다면 이러한 손상은 왜 생기는가? 그 원인으로는 두 가지 정도를 들 수 있다.

첫째, 태내기와 생애 초기의 생물학적 영향이다. 헤어는 '임신 3개월 이후의 태아 때부터 생후 한 달 이전까지의 기간 동안에 발현되는 미지의 생물학적 영향'이라고 표현했는데 여기에는 약물, 환경오염, 산모의 심한 스트레스 등이 포함될 수 있다.

둘째, 태교 혹은 출생 직후의 부적절한 양육이다. 태교과정이나 출생 직후의 양육과정에서 심각한 문제가 있을 경우 감정발달이 정상적으로 이루어지지 못할 수 있다. 아이는 어머니의 뱃속에서 그리고 태어난 직후부터 주 양육자의 적절한 돌봄을 받으면서 감정을 발달시키게 된다. 예를 들면 갓난아이가 배가 고파 울면 어머니는 젖을 주거나 분유를 주는데, 어머니의 이러한 돌봄행동은 아이에게 쾌(快) 감정을 발달시킨다. 즉 아기는 배가 고플 때 느끼는 불쾌(不快)한 감정과 확연하게 다른 쾌 감정을 반복적으로 체험함으로써 쾌-불쾌 감정을 구분하고 그것을 각각 발달시켜나간다. 쾌-불쾌 감정은 다른 모든 감정이 분화되어 나오는 가장 중요한 기본감정이다. 그런데 사이코패스에게는 이런 기본감정들이 정상적으로 발달되지 않고 그 결과 세분화된 감정발달도 이루어지지 않는다.[69] 만일 이 시기에 이런 문제가 발생했다면 이후 양육이 제대로 되더라도 아이는 사이코패스가 될 가능성이 클 것이다.

태내기나 생애 초기에 감정영역에 심각한 손상이 생겼는데 그것을 회복할 기회를 갖지 못하거나 오히려 그것을 악화시킨다면 어떨까? 유년기의 건강하지 못한 가정환경은 감정발달에 장애가 있는 아동에게서 치료기회*를 박탈할 뿐만 아니라 그 아이의 사이코패스적인 특성을 한층 강화할 것이다. 건강하지 않은 환경에서 자란 사이코패스가 건강한 환경에서 자란 사이코패스보다 강력범죄를 저지를 확률이 더 높다고 한다. 즉 유년기의 가정환경이 어떠한가가 사이코패스의 반사회성이나 행동의 극악성을 좌우하는 것이다.

* 현재까지는 사이코패스의 치료는 아예 불가능하다거나 어린 시절 이후에는 불가능하다는 게 정설이다.

현재 시점에서 가장 안타까운 것은 어린 유아의 감정이 정상적으로 발달하고 있는지를 정확히 체크할 수 있는 기준이나 방법론이 없다는 사실이다. 이 때문에 사이코패스의 부모들이 아이의 문제를 인지하기 시작했을 때는 이미 치료적으로 너무나 늦은 시점이 될 가능성이 크다. 따라서 부모들은 아이한테서 뭔가 이상하다는 느낌이 오면 주저하지 말고 실력 있는 전문가를 찾아갈 필요가 있다. 또한 아이의 감정이 계속 발달할 수 있도록 특별한 주의를 기울이며, 특히

공감능력과 감수성을 목적의식적으로 계발해주기 위해 지속적으로
노력해야 한다.

사회의 영향

사회의 건강성이 사이코패스적 특성들을 약
화시킬지 아니면 악화시킬지 그리고 그것이 비교적 온건한 방식으
로 표현될지 아니면 엽기적이고 반사회적으로 표현될지를 규정한
다. 즉 사회가 건강하면 사이코패스적 특성들은 다소나마 약화되고
그것의 표현도 온순해지겠지만, 사회가 병적이라면 그 특성들은 한
층 심각해지고 그 표현도 매우 악랄해질 것이다.

자본주의사회, 특히 미국식 자본주의*는 사
이코패스들과 찰떡궁합이어서 그들의 용기를
마음껏 북돋우는 역할을 한다. 다음과 같은 미국식 자본주의의 특
징들과 사이코패스의 특성을 한번 비교해보라.

* 한국식 자본주의는 미국식 자본주의의 복사판이다.

① 개인이기주의와 쾌락주의

미국식 자본주의는 공동체의 이익보다는 개인이기주의를 찬양하
고 고무한다. 그리고 물질적 가치와 돈을 최고의 가치로 숭상하며,
마음껏 소비하고 즐기면서 사는 쾌락주의적 인생을 으뜸으로 친다.
타인이나 공동체의 이익에는 털끝만큼도 관심이 없는 사이코패스는
처음부터 끝까지 개인의 이기적인 목적과 생물학적 욕구의 충족만

을 좇는 이기주의자이며 쾌락주의자이다. 게다가 그들은 타인을 이용하고 착취하더라도 죄책감 같은 양심의 가책을 느끼지 않는다. 이런 점에서 미국식 자본주의의 이념에 사이코패스만큼 즐겁고 행복하게 적응할 수 있는 사람은 존재하지 않는다고 할 수 있다.

② 약육강식의 경제법칙

미국식 자본주의에서는 모든 사회구성원들이 처절한 경쟁을 벌여 경쟁에서 승리해야만 비로소 생존할 수 있고 대접받을 수 있다. 또한 경쟁에서 패배한 이들에 대한 사회안전망이 부실하고 약자들에 대한 배려는 쓸데없는 돈 낭비로 치부된다. 사이코패스는 자신처럼 모든 사람들이 이기적이라고 믿는 성악설주의자이며 이 세상은 서로가 서로를 물어뜯고 죽이는 정글과 같다고 생각하는데, 이는 자본주의 경제법칙과도 통한다.

③ 승자에 대한 무조건적 찬양

미국식 자본주의는 그저 성공만 하면, 부자만 되면 다른 것은 어떻게 되든 상관없다는 원칙을 비공식적으로 신봉한다. 즉 법에만 걸리지 않는다면 어떤 부도덕한 방법을 사용해도 괜찮다는 묵시적 동의가 전 사회에 광범위하게 확산되어 있다. 이런 사회에서 경쟁에 내몰린 대중은 너나없이 성공과 부를 향해서라면 수단과 방법을 가리지 않겠다는 마음의 준비가 되어 있다. 점점 심해지는 부익부 빈

익빈 현상과 어마어마한 몸값을 받는 스타들 그리고 천문학적인 돈을 거머쥔 벼락부자들의 존재는 성실하게 일하는 노동윤리를 깔보고 혐오하게 만든다. 게다가 '성공한 쿠데타는 처벌할 수 없다'는 속설처럼 법을 위반하더라도 크게 한탕을 하면 처벌을 받지 않는다는 유전무죄의 원칙은 이러한 경향을 더욱 강화한다. 이에 대해 헤어는 "은행강도는 감옥에서 20년을 썩지만, 일반인을 대상으로 수백만 달러를 사기 친 변호사, 사업가, 정치인은 그저 벌금형이나 자격정지 처분만 받으면 된다. … 사람들은 은행강도라면 비난을 퍼붓고 멀리하지만, 거액을 횡령한 사람에게는 자기 돈을 마구 갖다 바치거나 클럽에서 함께 테니스를 치려 한다"[70]고 한탄했다. 게다가 설사 법에 걸리더라도 한탕에 성공한 화이트칼라 범죄자들은 마치 일급호텔 같은 '부유한 특권층을 위한 연방교도소'에서 간수들에게 인사를 받으면서 편안하고 즐겁게 수감생활을 할 수 있다. 이런 병든 사회에 살고 있는 한 승부욕과 모험심이 강하고 천성적으로 불성실한 사이코패스는 필연적으로 한탕주의자가 될 수밖에 없다. 그들은 개미처럼 성실하게 일하는 것은 무능력한 사람들에게나 해당되는 어리석은 짓이라고 비웃으면서 한탕을 해서 평생을 놀고먹겠다며 거창하게 일을 벌이곤 한다.

④ 병적인 사회풍조
대중의 병적인 욕구에 편승하고 그것을 부추기는 상업주의적인

매체들은 사이코패스에게 커다란 악영향을 미친다. 미국에는 연쇄
살인범을 주인공으로 한 만화책, 보드게임, 카드게임도 있고 최근에
는 연쇄살인범들이 스포츠 영웅으로까지 대접받으며 심지어 인기
있는 토크쇼의 게스트로 초대받기도 한다.[71] 또한 부도덕한 행실이
나 범죄를 미화하거나 잔인한 살인 장면이 빈번하게 등장하는 TV나
영화, 게임 등은 사이코패스에게 치명적인 유혹으로 다가오거나 강
력한 역할모델이 될 수 있다. 물론 마음속에 화가 많이 나 있는 일반
인들도 화를 풀기 위해 잔인한 게임이나 영화를 즐기기는 한다. 하
지만 그들에게 가상 속의 살인과 현실 속의 살인은 엄연히 다르다.
즉 보통 사람들은 자신의 행동으로 인해 타인이 고통스러워하고 괴
로워하면 자기 마음도 아프기 때문에 나쁜 생각이나 충동을 실제 행
동으로 쉽게 옮기지 못한다. 그러나 사이코패스에게는 가상과 현실
이 그다지 다르지 않다. 그들에게는 게임 속에서 총을 쏴 사람을 죽
일 때나 현실 속에서 살아 있는 사람을 죽일 때나 감정체험의 내용
이 크게 다르지 않을 수 있기 때문이다.[72] 연쇄살인범 유영철은 감
옥에 있으면서 인터넷으로 국내외에서 발생한 살인사건들에 관한
자료를 수집했고, 특히 모 월간지에 실린 연쇄살인사건에 대한 심층
보도를 통해 자신의 범죄방법에 대한 아이디어를 얻었다.[73] 부패하
고 타락한 문화풍조는 사이코패스들을 무럭무럭 자라나게 하는 비
옥한 토양과도 같다.

　식민지와 독재시대의 잔재 위에 미국식 자본주의와 문화가 이식된 한국사회는 장차 사이코패스들의 천국이 될지도 모른다. 일본청소년연구소는 2007년 10월부터 한 달 동안 한국, 미국, 일본, 중국의 고교생 각 1,000명에게 설문조사를 실시해 그 결과를 '고교생 소비의식 실태'라는 제목으로 발표했다. 조사에 의하면 '부자가 존경받는다', '돈으로 권력을 살 수 있다', '결혼상대로 부자가 좋다'라고 대답한 한국 학생의 비율은 다른 나라 청소년보다 거의 두 배 이상 높았다. 뿐만 아니라 한국의 고교생들은 '돈을 벌기 위해선 어떤 수단을 써도 괜찮다'라는 문항에 대해서도 가장 높은 비율로 찬성했다.[74] 한국사회를 하루라도 빨리 개혁하지 못한다면 아마 머지않아 "사회성 붕괴의 조짐이 점점 뚜렷해지면서 아이들에게도 사이코패시가 발견된다는 사실은 이제 더 이상 외면할 수 없는 현실이다"[75]라는 한탄이 더 이상 남의 말이 아닌 상황이 닥쳐올 것이다. 병든 사회는 가정을 병들게 하고, 병든 가정은 아이들을 병들게 한다. 따라서 올바른 사회개혁 없이 사이코패스의 만연을 피할 길은 없을 것이다.

　어떤 학자들은 아무리 사회가 썩어 있더라도 사이코패스에게 면죄부를 주어서는 안 된다고 주장한다. 즉 모두가 똑같이 썩은 사회에서 살아가지만 모두가 다 사이코패스처럼 행동하지는 않는다는 것이다. 사이코패스가 되는 원인과 시기를 고려해보면, 이런 주장을 전적으로 부정할 수는 없다. 그러나 사회가 제대로 서지 않는 한 사이코패스를 마구 손가락질하는 것에는 한계가 있을 수밖에 없다. 오늘날의 미국이나 한국사회가 강렬히 원할 뿐 아니라 거대한 힘으로 제조해내고 있는 궁극적인 인간형이 바로 사이코패스이지 않은가. 오늘날의 세상은 우리들에게 끊임없이 사이코패스를 본받으라고, 사이코패스가 되라고 부추기지 않는가. 이런 현실을 보면, 아무리 낙관적으로 생각하려 해도 "언젠가는 사이코패스가 대통령이 될 지도 모른다"라는 헤어의 걱정을 지나친 호들갑으로 치부하기는 힘들 것 같다.

비록 생애 초기의 감정발달에 심각한 장애가 생기는 현상을 완전히 제거할 수는 없다 하더라도, 적어도 사회가 건강하다면 유아의 사이코패스적 특성들이 더 악화되지는 않을 것이고 꼬마 사이코패스들의 행동이 반사회적으로 발전해나가지 못하도록 최소한의 제동을 걸 수 있을 것이다.

치료는 가능한가?

각종 매체를 통해 사이코패스는 흔히 엽기적인 살인마처럼 묘사되곤 한다. 물론 이런 극악한 사이코패스가 가장 위험하기는 하지만 그 비율은 극히 소수이므로 현실에서 그런 사이코패스를 만나게 될 확률은 크지 않다. 또한 이기심과 냉담함, 폭력성과 충동성 등을 여과 없이 드러내는 깡패 같은 사이코패스들은 쉽게 눈에 띄기 때문에 정상적인 사회생활을 하는 이상 그다지 맞닥뜨릴 일이 없다. 따라서 실제 생활에서 만나게 될 위험이 크고, 정체를 알 수 없어 긴 시간 동안 피해를 입을 위험이 가장 큰 유형은 지능적이고 교활한 화이트 칼라 사이코패스들이다. 사회의 지적 수준이 높아짐에 따라 사이코패스들도 진화에 진화를 거듭할 것이므로 앞으로 지능적인 사이코패스 혹은 '법망을 피해 다니는 사이코패스'*의 비율은 계속 높아질 것으로 예측된다. 이들은 자신을 위장하는 기술이 탁월한 동시에 타인의 약점을 파고드는 도사들이어서 주변사람들은 그를 사이코패스로 의심하지 못할 것이므로 결국 커다란 피해를 입게 될 위험성이 크다.

사이코패스는 피상적 관계에서는 그 정체를 파악하기가 힘들며 주위사람들로부터 좋은 평판을 받는 경우도 허다하다. 또한 주의해서 살피지 않으면 그들은 아주 매력적이고 자신감이 넘치며, 능력 있고 용감한 사람처럼 보일 수 있다. 게다가 잘생긴 외모와 깔끔하게 치장한 외관에다 '사회적 가면'을 뒷받침하는 조연들, 위조자격증, 외제 승용차, 명품 옷과 장신구 같은 소품들까지 겸비하게 되면 순식간에 사람을 홀릴 수 있다. 그러나 사이코패스는 타인들과 친밀한 감정적 관계를 형성하지 못하며, 생각과 삶에 전혀 깊이가 없다. 따라서 세속적인 욕심에 휘둘리지 않고 정신을 바짝 차리며, 사이코패스의 특성들을 잘 이해하고 있다면 그들에게 걸려들 확률을 낮출 수 있을 것이다.

주변의 누군가가 사이코패스일 수도 있다는 의심이 든다면 만일에 대비해 전문가와 상의해볼 필요가 있다. 그 결과 사이코패스임이 확실해지면 그 사람과는 멀찌감치 거리를 두어야 한다. 그를 이떻게든 고쳐보겠다는 생각은 절대 금물이다. 왜냐하면 현재까지는 모든 임상전문가들이 성인 사이코패스의 치료가 거의 불가능하다는 데 동의하고 있으며, 그들에 대한 치료가 성공할 수 있다는 희망을 주는 성공사례도 없기 때문이다.

성인 사이코패스의 치료가 불가능에 가깝다는 것은 다음과 같은 근거들에 의해 뒷받침된다.

① 치료를 받으려는 동기가 없다

다른 모든 정신장애자나 인격장애자들은 정도의 차이는 있을지언정 치료를 받으려는, 즉 마음의 병으로부터 회복되고 싶어 하는 최소한의 동기를 가지고 있다. 극단적인 상태까지 진행되어 사회로부터 단절된 경우를 제외하면 모든 심리적 장애는 심각한 감정적 고통을 동반하고 일상생활과 사회생활에 곤란을 초래한다. 그래서 마음의 병에 걸린 사람들의 무의식 깊은 곳에는 어떻게든 그것을 고쳐보았으면 하는 바람이 잠재해 있는 것이다. 하지만 사이코패시라는 장애는 유일하게 감정적 고통을 동반하지 않으며, 사이코패스들은 일상생활에서 불편함을 느끼지도 않는다. 항상 자신의 이기적 욕구를 더 많이 충족시키지 못했다는 불만에 차 있기는 하나, 그들은 기본적으로 자신의 비양심적이고 반사회적인 삶의 방식에 만족한다. 따라서 자신이 마음의 병에 걸렸다는 사실을 결코 자각할 수 없고 인정하지도 않는다. 이 문제와 관련해 헤어는 다음과 같이 말했다.

> "그들은 자신에게 아무 문제도 없다고 생각하며 개인적인 고민거리도 거의 없다. … 앞으로의 일을 걱정하거나 과거를 돌아보며 후회하는 일은 절대 없다. … 그들은 스스로를 우수한 인간이라고 생각한다. … 타인을 속이고 기만하는 행위는 당연하다고 생각한다."[76]

② 치료 수단들이 사이코패스에게는 통하지 않는다

심리치료가 성공하려면 환자와 치료자 사이에 서로 신뢰하는 관계가 반드시 형성되어야 한다. 그런데 감정이 없는 사이코패스는 타인과의 관계를 형성할 능력이 거의 없으므로 치료를 시작하기조차 힘들다. 또한 내면에 감정적 혼란 따위가 존재하지 않아 고통을 느끼지 않으며, 후회나 반성을 모르는 사이코패스에게 내면세계에 대한 개인적 통찰을 기대하기란 너무나 어려운 일이다.

얼핏 생각하면 동물 수준의 인간인 사이코패스에게는 동물조련에 유용한 보상과 처벌이라는 수단을 사용하는 행동주의적 치료가 통할 것 같은데 이 또한 전혀 그렇지 않다. 보상과 처벌이 때때로 효과를 발휘하는 것은 생명유기체에게 보상은 긍정적인 감정을, 처벌은 부정적인 감정을 유발하기 때문이다. 예를 들어 전기충격이라는 처벌은 강한 두려움 같은 부정적인 감정들과 연합되므로 위력을 발휘할 수 있는 것이다. 그런데 사이코패스는 두려움 같은 기본감정조차 체험할 수 없다. 따라서 전기충격을 줘봤자 그때뿐이다.

결론적으로 말해 전통적 이론에 입각한 심리치료들뿐만 아니라 행동주의적 치료도 사이코패시 치료에 효과가 없다. 또한 정신외과 수술, 전기충격 요법 및 다양한 약물사용과 같은 생물학적 치료도 마찬가지다.[77]

아무리 뛰어난 현대의학으로도 죽겠다고 단단히 결심한 중환자를 살려내기 힘든 것처럼 그 어떤 심리치료도 한사코 치료를 거부하는 사이코패스를 치료하기란 불가능하다. 게다가 설사 사이코패스가 치료에 동의한다 하더라도 그들의 손상된 감정능력을 과연 복원할 수 있을지도 미지수이다.

전문가들은 이미 청소년기에 들어서면 '사이코패시 행동패턴의 교정 가능성'이 매우 희박해진다[78]고 경고한다. 그러므로 사이코패스는 가능한 한 일찍 발견하여 증상이 더 악화되기 전에 전문적인 치료를 받게 해야 한다. 이때 사이코패스 아동에 대한 치료는 장애가 있는 감정발달을 정상화시키는 데 우선적인 강조점이 찍혀야 하며, 반드시 가족과 사회적 환경도 같이 치료해야 한다. 헤어가 제시한 여러 사례에 의하면 많은 사이코패스들이 '무슨 일을 저지르면 선의의 가족이나 친구들로부터 보호를 받는다'[79]고 한다. 그런데 앞에서 강조했듯이 자식의 문제행동을 부인하거나 감싸고 보호해주는 부모는 임상적인 견지에서 볼 때 마음이 건강하지 못한 부모일 가능성이 크다. 아이의 문제를 모를 때야 그럴 수 있다 쳐도 아이에게 문제가 있다는 사회의 평가가 있는데도 적극적인 치료에 나서지 않는 부모는 뭔가 이상하다고 봐야 합당하다. 따라서 이럴 경우에는 반드시 부모들에 대한 깊이 있는 파악과 치료가 병행되어야 한다. 대부분의 정신장애들이 그렇지만 어떤 이유에서든 문제행동을 감싸주는 행위는 증상을 더욱 악화시킬 뿐이다.

사이코패스는 다수의 사람을 위해 사회에서 반드시 격리시켜야만 하는 구제불능의 위험인물일 뿐인가? 그들의 마음과 행동을 접하다 보면 선뜻 '아니오'라고 답하기가 머뭇거려진다. 그렇지만 나는 너무 멀리 나가 있는 극소수를 제외하고는 그들에 대한 미련을 쉽게 버릴 수가 없다. 아마 사이코패스에게도 사회 속에 들어와 사람들과 참된 사랑을 주고받기를 원하는 가냘픈 불씨가 남아 있을 것이다. 그러나 그런 불씨를 살려내기에 현재의 한국사회는 너무나 불리한 환경으로 작용하고 있다. 하루빨리 사람을 존중하는 세상이 되어 날이면 날마다 사이코패스적 특성을 강화시키는 게 아니라 약화시키게 된다면 얼마나 좋을까. 언젠가 좋은 세상이 와 삶의 고통과 마음의 병에서 해방된 건강한 부모들이 하나같이 사람을 소중하게 여기고, 태교와 양육을 잘하게 된다면 사이코패스의 비율은 대폭 줄어들지도 모른다.

사이코패스 연쇄살인범 김해선과 유영철

이 글은 표창원의 저서인 《한국의 연쇄살인》에 등장하는 김해선과 유영철의 자료에 기초해 작성하였다.

> **김·해·선**(1969년생)
> 2000년 10월부터 12월까지 모두 3명의 미성년자를 성폭행 및 살해한 연쇄살인범.

≪ 어린 시절부터 드러난 사이코패스 증상

어린 시절 김해선의 아버지는 툭하면 어린 아들에게 가혹한 폭력을 행사했다. 그는 어린 김해선을 발가벗기고는 벨트로 온몸을 때리고 나서 집 밖으로 내쫓기도 했다. 이런 끔찍한 경험들은 어린 김해선에게 커다란 심리적 상처가 되었던 것 같다. 이 사건으로 인해 그는 사춘기 이후에 단 한 번도 대중목욕탕에 가지 않았다고 한다. 한편 김해선의 어머니는 남편의 폭력으로부터 어린 김해선을 전혀 보호해주지 못했다. 그녀가 어린 아들을 보호하지 못한 것이 단지 무력해서인지 아니면 또 다른 이유가 있어서였는지는 확실히 알 수 없다.

김해선의 아버지가 부모 자격이 없는 난폭한 인물이었던 것은 분명하지만, 어린 김해선 또한 일찍이 사이코패스적인 증상을 드러냈다. 그는 어린 시절에 강아지와 같은 약한 동물에게 심한 가학행위를 했으며, 중학교 때부터는 특별한 이유도 없이 낫으로 이웃집 황소의 배를 찍어 죽이는 등 극도로 폭력적이고 가학적인 행동을 보였다. 아버지한테 심하게 매를 맞는 아이들이라고 해서 모두 다 김해선처럼 잔인하게 동물을 학대하지는 않는다. 따라서 동물학대를 통해 극명하게 드러난 김해선의 폭력성과 가학성의 원인으로 다음과 같은 두 가지를 추정해볼 수 있다.

첫째, 어머니 역시 양육자 역할을 정상적으로 하지 못했을 가능성이다. 만일 남편의 폭력이 무서워 대놓고 아들을 보호하지는 못했더라도 음지에서나마 아들을 위로해주고 사랑해주었다면 어린 김해선이 황소의 배를 낫으로 찍어 죽이지는 않았을지도 모른다. 폭력적인 아버지가 아이를 학대하더라도 어머니가 자기 역할을 어느 정도 해줄 경우 아이들은 그렇게 극단적으로 나빠지지는 않는다. 즉 부모 중 한 명이라도 아이를 진심으로 사랑한다면 아이는 최소한 기본은 하게 마련이다. 따라서 어린 시절부터 표면화된 김해선의 이상행동은 부모 모두의 양육에 문제가 있지 않았을까 하는 추정을 가능하게 해준다.

둘째, 생애 초기부터 감정능력이 손상되어 있었던 김해선과 부모의 잘못된 양육이 상승작용을 일으켜 그가 일찌감치 사이코패스로 자리매김했을 가능성이다. 만일 김해선이 태어난 직후 혹은 생애 초기부터 감정능력 손상으로 이상한 행동을 했다면, 그것은 인격적으로 하자가 있는 아버지를 자극해 그의 폭력행동을 더 심하게 촉발하는 하나의 원인으로 작용했을 수 있다. 즉 아버지의 폭력성이 아들 김해선의 사이코패스적 특성을 강화하고, 어린 김해선의 사이코패스적인 행동은 아버지를 한층 화나게 해 더 많은 폭력을 사용하게 만드는 악순환이 진행되었을 것이다. 아무튼 꼬마 사이코패스들은 뛰어난 양육자로서도 감당하기 매우 힘들기 때문에 어린 김해선이 사이코패스였다면 그의 부모는 아이를 거의 괴물처럼 여겨 더욱 심하게 학대했을지도 모른다. 주위사람들이 어린 김해선을 '무섭고 이상한 아이'로 기억하고 있는 것도 이런 추정을 뒷받침해준다.

≪ 청소년기 이후의 무절제한 생활

아버지의 폭력 혹은 자신의 사이코패스적인 행동, 아니면 두 가지가 다 원인이 되었을 수도 있겠지만 김해선은 중학교 2학년 때 학교를 중퇴하고 가출을 했다. 이후 그는 청소년에게 결코 바람직하지 못한 환경에서 아무런 통제도 받지 않으며 자기 멋대로 살았다. 심한 음주벽이나 변태적인 성욕 해소방식 등은 이런 나쁜 생활방식과 환경 속에서 습득했을 것으로 추정된다.

설사 이 시기에 그를 올바른 길로 이끌어줄 좋은 어른을 만났더라도 그는 그다지 달라지지 않았을 것이다. 왜냐하면 사이코패스는 이미 청소년기에 들어서면 치료가 거의 불가능하다고 인정되고 있기 때문이다. 다만 사회가 건강하고, 좋은 어른들의 보살핌을 꾸준히 받았다면 김해선의 반사회적인 행동양식이 다소 순화되었을 가능성은 분명히 있다.

그다지 영리하지 않고 배운 것도 없는 김해선은 막노동판을 전전하다가 외항선을 탔다. 이후 여성을 만나 동거를 하기도 했으나 그녀에게 강간죄로 고소당해 처벌을 받았다. 그 후에 다른 여성을 만나 사귀었으나 그녀는 김해선을 버리고 다른 남자를 만났다. 아마 그는 여성뿐만 아니라 그 누구와도 관계를 맺지 못하고 사랑도 할 수 없었을 것이므로 그녀가 김해선의 곁을 떠난 것은 필연이었을 것이다. 김해선은 자신을 배신한 애인을 죽이려고 그녀의 방에 도시가스 배관을 잘라 불을 지르려 했으나 사건이 너무 커질까봐 포기했다. 이미 전과 7범에다 실직상태에 있었던 그는 할 수 없이 고향으로 내려간다.

≪ 살인의 시작

고향에 내려온 김해선은 지루하고 따분한 시골생활에 진저리를 치기 시작했을 것이다. 사이코패스는 지루함을 극도로 싫어하고 견디내지 못하므로 그는 강한 자극을 절실히 원했을 것이다. 그는 무료함을 달래기 위해 술을 마셨고 그것이 사이코패스의 억눌러 있던 동물적 욕구를 일깨웠다.

2000년 10월 25일, 김해선은 초등학교 5학년 여학생(당시 11세)을 성추행한 뒤 살해하고는 무덤 위에다 십자가 모양으로 눕혀놓았다. 약 두 달 뒤인 2000년 12월 18일에는 한 여고생을 노렸으나 실패했고, 다음날인 19일 같은 장소에서 또 다른 여고생을 뒤쫓았으나 그 학생이 눈치를 채고 도망치는 바람에 또다시 범행에 실패했다. 다 잡았던 먹잇감을 놓친 것 같은 아쉬운 마음에 그 부근을 떠나지 못했던 김해선은 학교를 마치고 집으로 돌아가던 두 남매를 마침내 발견했다. 그는 먼저 동생인 중학교 1학년 남학생(12세)을 목 졸라 살해하고는 누나인 여고생(15세)을 산으로 끌고 가 손과 발을 나무에 묶어놓고서 칼로 잔인하게 난자하고 성폭행한 뒤 살해했다. 김해선은 피해자의 오른쪽 허벅지 살을 칼로 도려내어 집 앞의 도랑에다 버린 후 자기 방에서 아무 일도 없었다는 듯 태연하게 TV를 시청했다. 후에 그는 경찰들에게 담담하게 당시에 보았던 TV 프로그램의 내용을 뚜렷이 기억한다고 말하기도 했다.

≪ 지능이 낮은 사이코패스

범행 당시 32세였던 김해선의 살인 동기는 '사회에 대한 분노'나 '여성에 대한 혐오' 등에 있지 않았다. 경찰에게 진술하면서 피해자들에 대한 성추행을 '장난', '놀았다' 등으로 표현한 데서 알 수 있듯이 그는 쾌락을 위해, 그저 재미삼아 사람을 괴롭히고 살해했다. 물론 이런 '쾌락 살인'은 감정능력이 없고 양심도 없는 사이코패스 살인자의 전유물이다.

정신보건 임상심리사의 보고서는 그가 '다소 지능이 낮고 스트레스 대처능력이 부족하며 흥분을 잘하고 충동적'이라고 지적하고 있다. 지능이 낮았고 충동적이었기 때문에 그의 살인 범행은 그다지 치밀하지 않았고 그 결과 비교적 조기에 검거되었다. 그나마 이것을 끔찍한 불행 중 다행이라고 해야 할지도 모르겠다. 왜냐하면 유영철을 보면 알 수 있듯이 영리하고 교활한 사이코패스들은 이웃과 사회에 훨씬 더 나쁜 해악을 끼치기 때문이다.

김해선은 정신감정 결과 '반사회적 인격장애' 판정을 받았다.

> **유·영·철**(1970년 4월 18일생)
> 2003년 9월부터 2004년 7월까지 20명을 살해한 연쇄살인범.

≪ 불우한 어린 시절

유영철은 1970년, 3남1녀 중 삼남으로 태어났다. 그의 아버지는 월남전에 참전했던 군인이었는데 귀국 후에는 주로 노동일을 하면서 술과 도박, 여자에 빠져 가산을 탕진했고 가정폭력을 일삼았다. 유영철이 일곱 살 되던 해에 그의 아버지는 아내와 이혼하고 다른 여자와 재혼했는데, 아무런 대책도 없이 아이들을 데리고 서울로 올라와 여인숙을 전전하며 어렵게 생활했다. 이 시기 어린 유영철은

아버지와 계모 모두에게 빈번하게 맞는 등 불우하고 힘든 유년기를
보냈다. 다행히 그가 초등학교에 진학하고 나서는 친어머니가 서울
로 올라와 이웃에 살면서 세 아들을 데려다 기르게 되었는데, 그때
부터 어린 유영철은 아버지와 계모로부터 더 이상의 학대는 받지 않
게 되었다. 하지만 그는 꼬마 사이코패스여서 그랬는지 친어머니의
양육을 받으면서도 계속 말썽을 부리고 거짓말을 일삼았다. 중학교
1학년(14세) 때인 1984년, 아버지가 교통사고로 사망한 이후부터 유
영철은 홀어머니 밑에서 성장한다.

≪ 일찌감치 범죄의 길로

  중학교 시절 유영철은 그림 그리기를 좋아해 화가가 되고 싶어 했
다. 그러나 그는 색맹이었고 성적까지 좋지 않아 예술고등학교 진학
에 실패했고 정규 고등학교 진학에도 실패했다. 할 수 없이 1987년
에 중학교를 졸업한 유영철은 학력이 인정되지 않는 직업학교(공업
고등학교)에 입학했다. 물론 거짓말이겠지만 후에 유영철은 이런 청
소년기의 좌절이 자신을 범죄의 길로 들어서게 만드는 원인이 되었
다고 주장했다. 고등학교 시절 유영철은 좌절감에 시달리는 학생의
모습에 어울리지 않게, 당시에 유행하던 그룹사운드를 조직해서 활
동했고 문학에도 심취했다고 한다. 아마도 이런 취미생활은 과시욕,
소유욕, 물욕이 심했던 그였기에 당시에 유행하는 것, 멋져 보이는
것들을 다 해보고 다 가져보겠다는 욕심에서 비롯되었을 것이다.

유영철의 탐욕은 결국 고등학교 2학년 때인 1988년에 첫 번째 범죄로 이어졌다. 그는 한밤중에 남의 집에 들어가 금품을 훔치다 들켜 '야간주거침입 절도'죄로 소년원에 수감되었다. 이 사건을 겪으면서 그는 반성은커녕 자신을 신고한 피해자와 자신을 구해주지 않은 종교에 대한 증오심과 복수심만을 간직한다. 훗날 경찰에 체포된 유영철은 일관되게 "고등학교 2학년 때까지 독실한 기독교 신자였으나 사소한 실수를 용서하지 않고 소년원에 보낸다는 판결을 내리는 순간, 손안에 들고 있던 나무 십자가를 부러뜨렸고 신을 버렸다"라고 말했다. 만일 그가 서른 살에 처음 체포되었더라면 분명 그때까지는 독실한 기독교 신자였다고 주장했을 것이다.

그 후 학교를 그만둔 유영철은 떠돌이 생활을 하면서 절도와 사기, 공무원 사칭 등의 잡다한 범죄를 저질러 11번이나 형사처벌을 받아 교도소를 제집처럼 들락거렸다. 하지만 처벌이 아무런 교정 효과를 주지 못하는 사이코패스였던 유영철에게 교도소는 다양한 범죄수법을 배울 수 있는 학교일 뿐이었다. 그는 교도소를 드나들면서 온갖 범죄수법을 익혔고 그것은 나중의 연쇄살인 과정에서 유용하게 활용된다.

스물한 살이던 1991년에 유영철은 안마사인 여성과 결혼해 아들까지 낳았으나 가족에게는 조금도 관심이 없었고 오로지 범죄에만 몰두했다. 1991년부터 2000년까지 그는 14회나 특수절도 및 성폭력 등으로 형사 입건되는 등 집보다는 교도소에서 더 많은 시간을 보냈다. 한 가지 특기할 만한 것은 그가 1993년부터 1995년까지 국립서울정신병원에서 '측두엽 간질' 진단을 받아 외래진료를 받았다는 사실이다. 그뿐만 아니라 유영철의 아버지를 비롯한 그의 가족들도 간질병으로 고생했다고 한다. 이를 근거로 그는 자신이 늘 간질발작에 대한 공포와 간질병으로 죽을지도 모른다는 두려움을 안고 살아왔다고 주장했다. 그렇지만 수많은 범죄를 저지르면서도 그가 간질발작으로 곤란을 겪은 적이 없다는 사실로 미루어 보아 그의 간질병 증세는 그다지 심각하지 않았던 것 같다.

≪ 최고의 연쇄살인범이 되기로 결심하다

유영철은 2000년 3월에 특수절도 등으로 전주교도소에 수감되어 3년 6개월 동안 복역하게 되는데, 이 시기 그는 교도소에서 한자능력 2급과 인터넷 정보검색사 자격증을 취득한다. 그런데 그가 교도소에 수감되어 있던 2002년 5월, 부인이 법원에 이혼소송을 제기해 그는 일방적으로 이혼을 당했다. 이혼이 유영철에게 어떤 의미가 있는지는 정확히 알 수 없으나 그는 이 사건을 빌미삼아 세상을 떠들썩하게 만들 연쇄살인을 본격적으로 결심한다.

2003년 9월 11일 전주교도소를 출소한 유영철은 서울로 올라와 원룸을 얻어 범행준비를 시작했다. 그는 우선 인터넷과 미디어 등을 통해 국내외에서 발생한 살인사건들에 대한 정보를 수집했는데, 모 월간지에 실린 정두영 연쇄살인사건에 대한 심층보도를 통해 대낮

부유층 주택이라는 범행대상과 무차별적인 폭행이라는 살해방법에 대한 아이디어를 얻는다. 그는 또한 살인을 다룬 영화 DVD를 사 모 았고, 영화 〈공공의 적〉에 나오는 것과 비슷한 등산용 칼과 신발을 구입했다. 그리고 인근 공사현장에서 해머를 훔쳐다가 살인에 사용 하기 유용한 형태로 개조했다. 이런 꼼꼼한 준비에 더해 유영철은 살인현장의 증거를 인멸하는 방법, 경찰이 어떤 경우에 범행의 원인 을 피해자 주변의 원한관계로 보고 어떤 경우에 강도의 소행으로 보 는지 등을 연구했다. 그래서 동일범에 의한 연쇄범죄라는 의심을 사 지 않기 위해 범행장소를 이곳저곳에 분산시키고 수사에 혼선을 줄 수 있도록 살인을 할 때마다 약간씩 다르게 연출을 해야 한다는 결 론을 내렸다. 2주간에 걸쳐 치밀하게 범행계획을 세우고 범행준비 까지 완벽하게 끝마친 유영철은 마침내 2003년 9월 24일, 한국역사 에서 가장 엽기적이고 잔인무도한 연쇄살인을 저지르기 시작한다.

다음의 표는 유영철의 범죄행각을 정리한 것이다.

날 짜	장소 및 인원	비 고
2003. 9.24	강남구 신사동 / 명예교수 노부부 2명 살해	• 수사에 혼선을 주기 위해 거액의 현금과 귀금속들은 그대로 둠. • 지문이나 발자국이 묻었을 가능성이 있는 곳은 말끔하게 닦아냄. • 살인현장에 칼을 두고 와 다시 담을 넘어 들어가면서 잠긴 현관문을 발로 차 문고리를 부숨.(유영철은 후에 경찰 진술과정에서 현관문을 찰 때 다리털이 몇 가닥 떨어졌을 텐데 못 찾았느냐며 허세를 부림.)
2003. 10.9	종로구 구기동 / 장애인을 포함한 일가족 3명 살해	• 수사에 혼선을 주기 위해 신사동의 반대 방향을 범행장소로 선택 • 거액의 현금, 수표, 귀금속은 그대로 둠. • 일부러 이 방 저 방을 돌아다니며 마구 뒤진 흔적을 만들어놓고 금고를 열려고 한 흔적을 남김.
2003. 10.16	강남구 삼성동 / 할머니(60세) 살해	• 구기동과 반대 방향을 범행장소로 선택 • 현금과 귀금속은 그대로 둠. • 흔적을 지우기 위해 방바닥을 닦음. • 안방 물건들을 대충 흩어놓음.
2003. 11.18	종로구 혜화동 / 할아버지와 간병인 아주머니 등 2명 살해	• 강남의 반대인 강북을 범행장소로 선택 • 갓난아기는 거실 소파로 옮겨놓은 뒤 그 위에 이불을 덮어 살려줌. • 지하실에 있던 곡괭이와 2층에 있던 골프채로 금고를 부수려 한 흔적을 남김. • 손에 상처가 나 피 몇 방울이 바닥에 떨어지자 증거인멸을 위해 사체가 있는 방에 불을 지름. • 불이 제대로 타고 있는지 확인하려고 길 건너편 옥상에 올라가 30분간 관찰함. • CCTV에 뒷모습이 찍혀 텔레비전과 신문에 실림.

날 짜	장소 및 인원	비 고
2003. 12월 초	한동안 범행을 쉼	• 경찰배지가 붙어 있는 서울경찰청 형사신분증 위조 • 자금을 마련하기 위해 주로 찜질방을 다니며 잠든 손님의 옷장 열쇠를 몰래 빼내 지갑을 털었음.
2004. 1.20	경찰에 체포되었으나 곧바로 풀려남	• 신촌의 찜질방에서 10만원 상당의 금품을 훔치다 경찰에 체포됨. • 유영철은 범행을 극구 부인하면서도 피해자에게 돈을 두 배로 줄 테니 합의하자고 간청했고, 연행하던 경찰에게도 피해자와 합의하게 해달라고 간절히 애원함. • 경찰지구대로 연행된 후 감시 소홀을 틈타 옷핀으로 수갑을 풀고 도망쳤으나 다시 붙잡힘, 구속영장이 기각되어 풀려남. • 이 사건 이후 찜질방 도둑질은 그만 둠.
	윤락녀들에게 금품 갈취	• 위조한 경찰배지를 들고 다니며 윤락녀들을 협박해 금품을 갈취함. • 이 과정에서 폭력을 행사하고, 일부 여성들에게는 수갑을 채워 숙소까지 따라가 금품을 빼앗음.
2004. 2.26	신림동 골목길	• 여고생을 칼로 10여 차례 찌름. • 피해자는 심각한 중상을 입었으나 다행히 살아남.
2004. 3.24	자신의 원룸에서 20대 여성 살해	• 20대 여성을 자신의 원룸으로 데려가 해머로 내리쳐 살해 • 밤새 음악을 크게 틀어놓은 채 칼로 사체를 마디마디 토막 내 비닐봉지에 담아 새벽에 택시를 타고 인근 야산으로 가서 암매장함.
2004. 4월 초	원룸에서 27세 여성 살해	• 전화방에서 불러낸 27세 여성을 같은 방법으로 살해해 암매장

날 짜	장소 및 인원	비 고
2004. 4.13	원룸 근처 주차 장 / 40대 노점상 살해	• 황학동 벼룩시장의 노점상(44세)을 가짜 경찰 신분증으로 위협해 수갑을 채우고 돈을 갈취하려 했는데, 그가 의심하는 듯한 기색을 보이자 승합차(노점상의 차)에 태워 자신의 원룸 근처 주차장으로 데려와 차에 묶어놓음. • 원룸에 가서 칼과 해머를 가져와 피해자의 얼굴을 20회 이상 찌르고 해머로 여러 번 내리쳐 살해함. • 승합차를 몰고 월미도 바닷가에 있는 주차장으로 가 피해자의 두 손목을 잘라 바다에 던짐, 차 안에 기름을 붓고 불을 질러 사체와 함께 태움 • 자신의 원룸 근처에서 살인을 했기에 목격자나 증거가 남을 위험이 있어 마포구 노고산동의 원룸으로 이사를 감.
2004년 4~7월	10명의 여성을 살해	• '서울 서남부 여성 연쇄 피살 사건'(무차별적으로 여성들을 칼로 찔러 살해한 사건)을 포함해 10명의 여성을 같은 수법으로 살해해 암매장

≪ 사이코패스 살인자의 초상

유영철은 2004년 7월 15일에 출장마사지사 실종사건을 수사 중이던 경찰에게 신촌에서 체포되었다. 그는 체포당하면서 형사를 이로 물어뜯고 머리로 들이받는 등 격렬하게 저항했으나 결국엔 경찰서로 연행되었다. 경찰은 처음에 그를 전과가 많은 잡범 정도로 치부하면서 '전화로 불러낸 마사지사를 어떻게 했느냐?'라고 물었는데,

느닷없이 유영철은 '서남부 연쇄살인사건의 범인이 바로 나'라고 했다. 반신반의하던 경찰이 그 사건에 대해 묻자 그는 구체적인 정황을 모르는 것처럼 행세해 경찰을 혼란스럽게 만들고는 계속 거짓말을 해댔다.

2004년 7월 17일 0시 10분경, 횡설수설하던 유영철은 갑자기 입에 거품을 물고 온몸을 사시나무 떨듯 떨기 시작하면서 간질발작 흉내를 냈다. 한참 동안 형사들을 당황하게 하면서 넋을 빼놓았던 그는 11명을 살해해서 암매장했는데, 다 자백할 테니 현장으로 가자고 제안했다. 그때까지도 긴가민가하던 경찰과 함께 막 사무실을 나서는 순간 유영철은 갑자기 경찰서 정문을 향해 달리기 시작했고 결국 도주에 성공했다. 그러나 그는 2004년 7월 18일, 도주 11시간 만인 오전 11시 40분경 영등포 역 앞에서 비상 잠복 중인 경찰에게 다시 체포되었다. 차로 호송되던 도중 유영철은 또 다시 간질발작 흉내를 내고 다리가 아프다며 비명을 질러댔으나 이번에는 통하지 않았다.

경찰에 연행된 유영철은 계속 묵비권을 행사했다. 그런데 군대로 치면 장성급에 해당하는 경무관이 자신을 직접 심문하러 오자 우쭐한 기분에 그는 4건의 부유층 연쇄살인사건을 자백했다. 하지만 여전히 출장마사지사 실종에 대해서는 입을 꾹 다물고 모르쇠를 했다. 이후 한동안 꿋꿋하게 거짓말에 거짓말을 거듭하던 그는 여성들을 살해해서 토막 낸 후 유기했다고 자백했다.

유영철의 자백에 따라 신촌지역 모 대학 야산의 계곡 부근과 인근의 공사현장 등에서 열여덟 토막으로 절단 난 11구의 사체를 찾아 냈는데, 그 사체들은 모두 손가락의 지문 부분이 잘려 나가 있었고 일부 사체에는 장기가 없었다. 그는 이에 대해 사체의 장기 일부를 믹서에 갈아서 마셨다고 진술했다. 유영철은 발굴된 사체 외에도 5 명의 여성을 더 살해해서 같은 장소에 매장했다고 주장했으나 확인 되지 않았고, 이후 인천 월미도 사건을 자백해 현장검증이 실시되 었다.

경찰 구속기간이 끝나갈 무렵 유영철은 마치 보너스를 준다는 듯 이 2004년 2월 6일에 있었던 이문동 출근길 여성 살해사건도 자신이 저지른 범행이라고 자백했다. 그런데 사실 그 사건은 또 다른 연쇄 살인범인 정남규가 저지른 것이었다. 그가 자신이 하지도 않은 범행 을 거짓으로 자백한 것은 과시욕 때문일 수도 있고 경찰을 놀리기 위한 목적에서 그랬을 수도 있다. 이후 법정에서 그는 이 사건에 대 한 진술을 번복하고 범행을 부인해 그 건에 대해서는 무죄판결을 받 았다.

유영철은 2004년 8월 13일 서울 각지에서 부유층 노인과 출장마 사지사 여성 등 총 21명을 살해한 혐의로 구속 기소되었고, 2004년 12월 13일에 이문동 살인사건을 제외한 20명에 대한 살인범죄의 유 죄가 인정되어 사형선고를 받았다. 2005년 6월 9일 대법원은 그의 사형을 확정했다.

유영철은 또 다른 사이코패스 연쇄살인범인 김해선처럼 허술하게 그리고 즉흥적으로 살인을 저지르지 않았다. 물론 그의 범죄 역시 사람들에게 들키지 않고 살인하기 좋은 장소를 선택해 아무나 무차별적으로 살해했다는 점에서 재미로 사람을 죽이는 '쾌락 살인'에 해당한다. 그러나 유영철은 급격한 분노 즉 '욱하고 치밀어 오르는' 감정이나 도저히 통제할 수 없는 강렬한 자극에 대한 갈망 등으로 말미암아 우발적으로 살인을 저지르지 않았다. 그는 나름대로 오랜 시간 동안 계획을 세우고 치밀하고 꼼꼼하게 범행을 준비했으며, 살인현장에서는 철저한 증거인멸을 시도했고 수사에 혼선을 주기 위해 위장술까지 동원했다. 이것은 그에게는 경찰의 검거를 피하려는 목적 외에도 경찰과 세상을 상대로 한 고도의 심리적 게임을 즐기려는 의도도 있었음을 암시한다. 즉 그는 살인행위뿐만 아니라 장기간에 걸쳐 진행되는 심리적 게임을 통해 쾌감을 느낄 수 있었던 아주 영리한 사이코패스였던 것이다.

유영철은 사이코패스가 가진 여러 특성을 골고루 다 가지고 있었다. 그는 26명을 살해했다고 하면서 자신의 범죄를 부풀리거나 보통 수준의 지능을 가진 주제에 자신의 지능지수가 140이 넘는다는 거짓주장을 하고, 자신이 쇼펜하우어나 체 게바라의 영향을 받았다고 하는 등 '자기과시'와 '병적인 자아도취' 성향을 드러냈다. 또한 그는 폭력과 공갈 협박, 거짓말과 사기 등 온갖 수단을 다 동원해 자신의 이기적인 욕구를 마음껏 충족시켰고 살인행위뿐만 아니라 사체를 훼손하고 심지어는 피해자의 장기를 갈아 마시면서도 감정적으로 전혀 동요하지 않았다. 나아가 그는 체포되어 조사를 받고 현장 검증을 하는 과정에서, 유족들과 대면하거나 법정에서 재판을 받으면서도 죄책감이나 미안함, 두려움 등을 전혀 느끼지 못하는 그야말로 양심이 부재한 사이코패스의 진면목을 극명하게 보여주었다. 아마도 유영철은 태내기 혹은 생애 초기의 감정능력 손상과 그것을 한층 악화시킨 불우한 유년기, 그리고 병리적인 한국사회가 합작해 만들어낸 최악의 사이코패스일 것이다.

유영철은 정신감정 결과 '반사회적 인격장애' 판정을 받았다.

나르시시스트

NARCISSIST

NARCISSIST

NARCISSIST

나르시시즘에 관한 소론(小論)

　심리적으로 건강한 사람들은 자기 자신을 사랑하며, 적정한 수준에서 자기 자랑을 하면서 살아간다. 만일 건강한 의미에서 자기를 사랑하지 못하거나 남들 앞에 자신을 내세울 줄 모른다면 그것이 오히려 문제일 것이다. 그러나 간혹 자신에게만 지나치게 집착하고 자신을 과대평가하거나 온갖 자기 자랑만 늘어놓기에 바쁜 이들이 있다. 이런 사람을 우리는 보통 '나르시시스트(narcissist)'라고 부른다.

　'나르시시즘(Narcissism)'이란 용어는 그리스 신화에 등장하는 미소년 나르키소스(Narcissos)로부터 유래했다. 나르키소스는 샘물에 비친 아름다운 자기 모습에 반해 스스로와 사랑에 빠졌다. 그는 숱한 여성들의 구애를 거들떠보지도 않은 채 자신에게만 몰두하다가 결국에는 샘물에 빠져 죽었다. 그가 죽은 자리에 한 송이 꽃이 피어나자, 사람들은 그의 이름을 따서 그 꽃을 나르키소스(수선화)로 부르게 되었다고 한다.

　1898년 영국 의사인 엘리스(Havelock Ellis)는 특정한 심리적 태도를 설명하기 위해 위의 신화에 근거해 '나르시서스 같은'이라는 표현을 처음으로 사용했다. 나르시시즘 문제가 정신의학에 정식으로 자리를 잡게 된 것은 프로이트(Freud)가 그것을 자신의 정신분석 이론에 사용하면서부터였다. 그는 《성욕에 관한 세 편의 에세이》를 통해 이 개념을 정신의학에 도입했고, 1914년에는 나르시시즘에 관한 논문인 《나르시시즘 연구》를 발표함으로써 그것을 정신장애의 하나로 규정했다. 그 후 여러 심리학자가 나르시시즘을 연구해 왔지만 현재까지도 이에 대한 완전한 이론적 의견일치는 존재하지 않는다.

　미국정신의학회(American Psychiatric Association, APA)의 《정신장애의 진단 및 통계 편람 제4판: Diagnostic and Statistical Manual of Mental Disorders》(DSM-IV)에서는 나르시시즘을 '자기애적 인격장애(narcissistic personality disorder)'로 분류하고 있다. 나르시시즘 혹은 나르시시스트는 발음의 편의를 위해 나르시즘이나 나르시스트로 줄여서 사용하기도 한다.

나르시시스트란?

　나르시시스트는 지속적으로 자신을 과대평가하고 우월감을 드러내며, 몹시 거만하게 굴고 심지어는 자신을 신비화하기까지 한다. 한 마디로 엄청나게 잘난 체를 한다는 것이다. 우리는 이런 나르시시스트의 전형적인 예를 백설공주에 등장하는 왕비에게서 찾아볼 수 있다. 백설공주의 계모가 된 왕비는 매일같이 거울 앞에 서서 ‘이 세상에서 누가 제일 예쁘냐?’고 묻는다. 이 지긋지긋한 질문에 거울은 매번 ‘왕비님이 제일 예쁩니다’라고 대답하는데, 왕비는 이 대답을 들어야만 비로소 안심하고 만족한다.

　그런데 이런 행동을 그저 구석방이나 깊은 산 속에 틀어박혀 혼자서만 하면 괜찮겠는데, 나르시시스트는 대부분 사회생활을 하고 있을 뿐만 아니라 사람들과의 관계를 필요로 하기 때문에 그 피해가 타인들에게 고스란히 미치게 된다. 속된 말로 왕자병 혹은 공주병 환자들이라고 할 수 있는 나르시시스트는 타인들로부터 과도한 인정과 존경 나아가 숭배를 요구하고 기대하는데, 만일 이런 요구와 기대가 충족되지 못하면 격렬하게 화를 낸다. 어느 날 거울로부터 ‘백설공주가 제일 예쁘다’라는 대답을 들은 왕비가 불 같은 질투심에 사로잡혀 백설공주를 죽이려 했던 것도 바로 이 때문이다.

　나르시시스트의 특성들을 구체적으로 살펴보면 다음과 같다.

사랑과 인정에 대한 과도한 집착

사막에서 길을 잃어 헤매다가 탈진한 사람은 처절하게 물을 원할 것이므로 그것과 관계없는 것들에는 좀처럼 관심을 둘 수 없을 것이다. 이와 비슷하게 나르시시스트는 사랑과 인정에 바짝 목이 말라 있는 사람이라 다른 데에는 심리적 에너지를 사용하기 어렵다. 즉 그들의 모든 관심은 타인들로부터 사랑과 관심, 인정과 존경을 받는 데 쏠려 있는 것이다. 사랑과 인정에 대한 과도한 집착은 다음과 같은 모습들로 표현된다.

① 조연은 싫다

대중의 사랑과 인정을 독차지하려면 무엇보다도 그들의 관심을 끌어야 한다. 화려한 스포트라이트는 자신만을 비추어야 하며, 사람들 속에 섞여 있더라도 자신은 항상 주역을 맡음으로써 도드라져야 한다. 자기 혼자만 주목받고 싶은 충동을 자제하지 못하기 때문에 나르시시스트는 조연이나 이인자 역할을 받아들이지 못한다. 이런 경향성은 일상적인 대화에서도 확연히 드러난다.

- 식사하는 것조차 잊어버릴 정도로 말하기에만 열중한다.
- 자기의 관심사에 대해서만 끊임없이 이야기한다.
- 대화의 주제를 결국엔 '내가 잘났다'라는 식의 자기 자랑이나 과시 혹은 자기 얘기로 이끌어가는 비상한 재주를 발휘한다.

- 상대방의 말이 채 끝나기도 전에 그것을 자르면서 불쑥 끼어든다.
- 상대방의 말이나 질문을 무시한 채 자기가 하고 싶은 말만 끝까지 다 한다.
- 맥락에 맞지 않게 상대방의 이야기에 대해 "아! 맞아. 나도 그런 적이 있었어"라며 자기 이야기로 대꾸한다.
- 대화의 주제가 자신이 아닌 다른 사람에 대한 칭찬으로 흐를 때 지방방송을 하거나 칭찬받는 사람을 평가절하함으로써 칭찬 분위기에 찬물을 끼얹고야 만다.

다음의 허탈한 일화는 나르시시스트의 자기중심성을 집약적으로 잘 보여준다.

> 어떤 작가가 친구를 만나 오랫동안 자기 자신에 대해 떠들다가 이렇게 말했다. "너무 오랫동안 내 얘기만 했군. 이젠 자네 얘기 좀 하세. 자넨 최근에 나온 내 책에 대해 어떻게 생각하나?"[1]

② 화려한 겉포장

자신감과 자부심이 있는 사람은 타인들의 사랑과 인정, 평가에 그다지 연연해 하지 않으므로 스스로 옳다고 믿으면 남들의 시선을 의식하지 않고 꿋꿋하게 자신만의 스타일을 고수할 수 있다. 그러나 나르시시스트는 타인의 사랑이나 평가에 극도로 민감한 사람, 즉 타인의 눈이나 손가락질로부터 조금도 자유롭지 못한 사람이다. 따라서 그들은 다수의 대중에게 좋은 인상을 주기 위해 화려한 겉모양을 꾸미는 데 집착한다. 나르시시스트는 값비싼 자동차, 멋진 헤어스타일, 최신 유행의 옷차림, 명품 가방과 구두, '중요한' 사람들과의 관계, 사회적 지위, 자신만만한 기색, 잘 다듬어진 미소와 표정 등 화려한 치장으로 자신을 포장한다. 이렇게 겉으로 나타나는 외모나 소지품을 최대한으로 가꾸기 때문에 처음에 나르시시스트는 아주 매력적이고 친절한 사람이라는 인상을 주는 경우가 많다. 그러나 내면의 충실이 아니라 화려한 겉포장으로 사람들의 관심과 사랑을 받으려고 하는 이상 나르시시스트의 마음은 점점 공허해지고 황폐해져 갈 수밖에 없다. 그들이 '진짜 자기 모습이 드러날까봐 두려워서, 주변 사람들에게 자기를 거짓으로 포장해달라고 강요'2)하기도 하는 것은 그래서이다.

나르시시스트는 사랑을 받는 데에만 목을 맬 뿐 사랑을 주지는 못하므로, 타인을 사랑하는 데서 오는 행복과 기쁨을 체험하지 못하는 슬픈 삶을 살아간다.

자기과시와 특권의식

나르시시스트는 지속적으로 자신을 과대평가하며 입만 열면 자기 자랑을 늘어놓는다. 그들은 자신만이 옳다는 신념을 지니고 있어서 모든 걸 다 아는 만물박사인 체하고, 어떤 문제이든 그것을 해결할 방도를 아는 사람은 자기밖에 없다는 뜻을 은 근히 내비치거나 직접적으로 드러낸다. 그래서 어려운 문제는 반드 시 자신과 먼저 상의를 해야 한다고 믿으며, 남들의 허점이 보이면 그냥 지나치지 않고 반드시 질책하고 비난한다.

나르시시스트의 우월감에 가득 찬 과시적인 태도는 남들을 경멸 하고 깎아내리는 행동으로 이어진다. 이런 경멸과 깎아내리기의 밑 바탕에는 빼앗긴 혹은 빼앗길지도 모를 사랑을 되찾아 오려는 강력 한 동기가 숨어 있다. 나르시시스트의 애정결핍은 워낙 심각해서 남 들이 여전히 자신을 사랑하고 인정해주는지를 끊임없이 그리고 반 복적으로 확인하려고 한다. 정상인 같으면 한두 번 해보고는 그만둘 유치한 짓을 백설공주의 계모인 왕비가 질리지도 않고 날마다 해댄 것은 그래서이다.

심리적으로 건강한 이는 다른 사람을 깎아내리지 않지만, 세상의 사랑을 독차지해야만 직성이 풀리는 나르시시스트에게 주변 사람들 이란 모두 다 사랑을 차지하기 위해 싸움을 벌이는 경쟁자일 뿐이다. 그들은 남들과의 경쟁에서 패배하면 사랑과 인정을 잃게 된다는 두 려움과 무의식적 신념을 지니고 있으므로 어떤 수단과 방법을 쓰더 라도 다른 이들을 기필코 꺾으려고 한다. 또한 나르시시스트는 우월 감이나 전능감의 상실을 사랑의 상실로 받아들이므로 자신의 입지가 위협당한다고 느끼면 반사적으로 누군가를 위축시키고 깎아내리고 끌어내려서 다시 우쭐한 기분을 되찾으려 한다. 이 때문에 나르시시스트는 타인들에 대해 매우 비판적이며, 끊임없는 비난과 흠 잡기에 몰두한다. 그리고 오랫동안 그런 능력을 열심히 개발해 왔기에 그들은 남들이 어떤 점에서 자신보다 못한지를 찾아내는 데 아주 탁월한 실력이 있다. 한 마디로 나르시시스트는 꼬투리 잡기의 명수이다.

자신에 대한 과대평가와 자기과시에 강박적으로 집착하는 나르시시스트는 강한 '특권의식'을 소유하고 있다. 그들은 자기가 특별히 좋은 대접을 받을 것이고 사람들이 자신에게 고분고분하게 나올 것이라는 불합리한 기대를 하고 있다. 예를 들면 그들은 빈번히 공공장소의 규칙이 아니라 자신만의 기준을 앞세운다. 식당의 손님들이 모두 더워하는데도 자기 혼자 춥다면서 에어컨 온도를 높이라고 종업원을 윽박지르거나, 신발을 벗고 들어가야만 하는 수영장에 자기 혼자 꾸역꾸역 신발을 신고 들어가는 식이다. 그들은 자기 기준이 받아들여지지 않거나 사소한 불편이라도 느끼게 되면 강하게 항의한다. 식당에 가서는 음식에 대해 흠을 잡고 식탁이 더럽다고 짜증을 부리며, 카페에 가서는 에어컨 온도에 시비를 걸고 음악 소리가 시끄럽다며 낮추라고 요구하는 등 온 세상을 마치 자신의 기준에 맞춰야 한다는 듯이 행동한다. 특권의식이 과도한 나르시시스트에게는 세상이 '내 기준에 맞춰야 하는 것은 아주 당연한 사실'[3]일 뿐이므로, 세상이 자신을 특별하게 대우해주지 않으면 심하게 화를 내거나 협박을 하며 비이성적인 비난을 퍼붓는 등 극도로 공격적인 반응을 보인다. 대형마트에서 6개씩 포장되어 판매하는 사과를 2개만 따

로 팔라고 요구했다가 종업원이 거절하면 짜증을 내며 손에 들고 있
던 사과를 거칠게 팽개치는 따위의 행동은 가벼운 예에 해당된다.

자기보다 훌륭한 사람은 아무도 없다고 믿는 나르시시스트는 마
치 절대군주처럼 남들을 발아래에 놓고 내려다보므로 거만한 태도
로 타인들을 판단하고 낙인찍으며, 번번이 타인들의 말을 반박하고
명령조로 말한다. 촌놈, 공돌이, 가방끈 짧은 놈, 무식쟁이, 졸부, 전
라도 깽깽이 같은 용어의 사용이나 낙인찍기를 예로 들 수 있다.

나르시시스트는 자신을 과대평가하고 타인들로부터 특별대우를
기대하므로 어느 정도의 성공에도 만족할 줄 모르고 늘 '세상이 나
를 알아보고 제대로 평가해주지 않는다'고 불평을 늘어놓는다. 또한
자신은 특별하므로 보통 사람은 자기 문제를 이해할 수 없다고 믿으
면서 자주 오만무례하고 건방지게 행동하기도 한다. 나아가 그들은
남들이 자신의 말을 잘 알아듣지 못하면 벌컥 화를 내기도 한다.

자신에 대해서는 과대평가를 하고 세상에 대해서는 과소평가를 하
려는 나르시시스트의 욕구는 필연적으로 그들의 현실감각을 왜곡시
킨다. 그 결과 그들은 자기의 욕구나 기준에 맞지 않는 현실이나 진
실은 인정하지도 받아들이지도 않는 완고한 고집쟁이가 되어간다.

비판을 수용하지 못하고 자기반성을 할 수 없다

나르시시스트에게 자기 자신 나아가 자신이 집착하는 대상에 대한 비판은 무의식적으로

부모와 세상의 사랑과 관심을 박탈당하는 행위로 간주된다. 즉 사랑과 인정에 병적으로 집착하는 그들에게 비판이란 어린 시절 들어야만 했던 부모의 꾸중과 마찬가지이므로 그것은 부모로부터 사랑받지 못하고 있다는 심연의 두려움을 자극하게 되는 것이다.

게다가 나르시시스트는 부모로부터 사랑과 인정을 제대로 받지 못하고 자란 사람이기에 자아가 매우 허약할 수밖에 없다. 물론 겉으로만 보면 나르시시스트는 '제 잘난 맛'에 사는 아주 자존심 강한 사람처럼 보인다. 하지만 실제로 그들의 자아는 몹시 허약한데, 특히 그들은 자신감과 자존감이 몹시 부족하고 불안정하다. 상당한 기간에 걸쳐 형성되어 온 이런 허약한 자아는 나르시시스트를 남들의 비판에 매우 예민하게 반응하게끔 한다. 면역력이 강한 이는 병균이 침투해도 약간만 앓을 뿐이지만 면역력이 약한 이는 똑같은 병균으로 죽을 수도 있는 것처럼 자아가 안정적이고 강한 사람은 비판에 잘 견딜 뿐 아니라 그것을 적극적으로 수용한다. 그러나 자아가 불안정하고 약한 사람은 사소한 비판에도 심한 분노반응을 보이거나 정반대로 몹시 의기소침해지기도 하는 것이다.

나르시시스트의 자아는 허약하고 공허하므로 그들은 기본적으로 세상을 두려워한다. 그래서 그들은 마치 고슴도치처럼 웅크린 채 방어적인 태도로 세상을 대하고 비판에 민감하게 반응한다. 자기방어는 '나르시시스트들이 보이는 가장 으뜸가는 특징'4)이라고도 할 수 있는데, 그들은 그것을 위해 합리화, 부인(否認), 역비판 같은 방어기제들을 빈번하게 사용한다. 예를 들면 자신의 결점은 대수롭지 않은 것으로 치부해버리는 반면 남의 결점은 심각하게 부풀리고, 자기 잘 못이 명백함에도 뻔뻔하게 변명을 늘어놓거나 그것을 아예 부인하 기도 하며, 자신의 견해를 반대하는 사람에게 거리낌 없이 불쾌감을 드러내고 논점과는 전혀 상관없는 것들을 끄집어내 엉뚱한 비판을 퍼붓는 것이다. 나르시시스트는 이렇게 자기방어에 몰두하기 때문 에 매사에 지나치게 예민하고 신경질적인데, 특히 그들은 아주 사소 한 무시당한다 싶은 느낌에도 크게 화를 내는 경향이 있다. 심지어 나르시시스트는 자신에 대한 악의 없는 농담조차 모욕으로 받아들 여 삐치거나 화를 내곤 한다. 그들에게 유쾌하게 웃으면서 "그것도 못한단 말이야?"라고 농담을 했다가는 전혀 예측하지 못했던 난처한 상황에 부닥치게 될 수도 있다.

나르시시스트는 여하한 충고나 비판도 그것을 적대적인 공격으로 간주해 부적절한 분노를 표출하면서 상대방을 모욕하고 증오하거나 반대로 아주 의기소침해진다. 그것은 그들이 겉모습과는 달리 실제 로는 자아가 불안정하고 약하여 남들은 무심하게 넘어갈 만한 사소 한 일로도 쉽게 패배감에 사로잡히고 열등감, 모욕감을 심하게 느끼 기 때문이다. 즉 비록 나르시시스트의 겉모습은 우월감과 거만함, 강한 힘 등으로 포장되어 있지만 그들의 내면에는 열등감과 불안감, 허약함 등이 깊숙이 자리 잡고 있다는 것이다. 그래서 그것이 때로 는 격렬한 증오와 분노로, 때로는 의기소침이나 무력감으로 나타나게 되는 것이다. 하긴 자기 외모에 정말로 자신이 있었다면 백설공주에 나오는 왕비는 굳이 거울한테 '이 세상에서 누가 제일 예쁘냐?'라고 반복적으로 물어보지도 않았을 것이다.

나르시시스트의 방어적 태도는 자신을 과대평가하고 외부세계는 과소평가하려는 욕구와 마찬가지로 인지적 왜곡을 부추긴다. 즉 자기 자신과 외부의 현실을 있는 그대로 인정하지 않고 자신에게 유리하게 왜곡하도록 유도하는 것이다. 그래서 나르시시스트는 현재뿐만 아니라 과거의 기억이나 특정 사건들을 자신에게 유리한 방향으로 미화하고 주관적으로 재가공하는 경향을 보인다. 아전인수식으로 자신과 세상을 보는 이러한 인지적 왜곡은 나르시시스트를 현실로부터 멀어지게 하는 동시에 망상 쪽으로 밀어붙이므로 결과적으로 그것은 그들의 자아를 더욱 왜곡시키고 공허하게 만든다. 나르시시스트는 또한 대중적인 존경과 관심의 대상이 되려고, 즉 타인들로부터 사랑을 받기 위해 기를 쓰고 노력하는데, 그것은 앞에서도 지적했듯이 흔히 명예나 부에 집착하거나 유행에 민감하고 몸치장에 신경을 쓰는 모습 등으로 표현된다. 그러나 '어떻게 하면 남들한테 멋지게 보일까?', '어떻게 하면 대중의 관심과 사랑을 받을까?'에만 온통 신경을 집중하며 겉모양에만 집착하면 할수록 그들의 내면은 더욱 공허하고 허약해지게 된다. 점점 나약해지고 공허해지는 자아는 나르시시스트의 방어적인 태도를 더욱 강화하므로 그들은 더욱 더 비판에 취약해지고 사고가 왜곡되어 가며 명예나 재산, 외모, 인기 등에 연연해 하는 내면이 텅 빈 사람이 되어 간다.

나르시시스트는 어떠한 비판도 수용하지 못하므로 자기반성을 하지 못하는데, 이런 결함은 자기 성장과 발전에 장애를 가져오고 그것은 또다시 자아를 허약하고 공허하게 만드는 악순환의 고리를 형성하게 된다. 비판을 수용하지 못하고 그 결과 반성도 할 줄 모르는 나르시시스트의 비극에 대해 레스 카터는 다음과 같이 적절하게 평하고 있다.

> "단점에 대해 변명하거나 자신을 완벽하다고 생각하는 사람은 인생의 교훈을 얻고 성장할 기회를 놓칠뿐더러 사실을 있는 그대로 받아들이는 데도 실패하고 만다."[5]

아무리 오랫동안 관계를 맺더라도 놀랍게도 나르시시스트한테서는 자기 잘못을 시인하는 말이나 자기반성적인 말 그리고 진심 어린 사과의 말을 들을 수가 없다. 설사 나르시시스트가 그런 말을 하거나 비판에 동의하고 그것을 수용하는 척하더라도 그들 마음속은 절대 바뀌지 않으므로 나중에는 결국 자기 뜻대로 해버린다. 그들의 사전에는 '반성'이란 단어가 완벽하게 삭제되어 있다.

 나르시시스트의 사람 분류법은 아주 단순하
다. 그들은 이 세상 사람을 '자기를 한껏 부풀려 줄 사람'과 '옥박지
르고 깎아내리기에 만만한 사람'[6]이라는 두 부류로만 나눈다. 즉 자
신의 이기적인 욕심을 채우는 데 이용해 먹을 수 있는 사람이 아니
면 모두가 다 경멸하고 깎아내려야 하는 사람이 되는 것이다. 나르
시시스트를 더욱 돋보이게 해 줄 사회적 명망가, 전문가, 재산가, 자
신을 숭배하고 찬양하는 사람 등은 전자에 속할 수 있다. 그리고 그
런 소수를 제외한 나머지는 불행하게도 모두 다 후자에 해당한다.

사람들이 전자로 분류되느냐 아니면 후자로 분류되느냐 하는 것
은 나르시시스트의 판단기준과 기분에 따라 자주 바뀌므로 타인들
에 대한 그들의 평가는 '찬양'과 '경멸'이라는 극에서 극을 오고 가
는 경향이 있다. 즉 그들은 누군가가 자신을 찬양하거나 그의 존재
가 자신을 드높이는 데 도움이 될 때는 그 사람을 지나치게 높이 평
가하다가도, 그가 자신을 비판하거나 그의 존재가 자신을 위축시킬
위험이 있다고 느끼면 즉각 그 사람을 경멸하는 태도를 보이는 것이
다. 대체로 길게 보면 나르시시스트의 패턴은 과도한 칭찬에서 심한
경멸로 이동하는 경향이 있다. 처음에 멋진 사교술로 새로운 사람들
과 친교를 맺을 때, 그들은 나르시시스트를 우호적으로 대하거나 높
게 평가하므로 나르시시스트도 그 사람들을 입에 침이 마르게 칭찬
한다. 그러나 점차 나르시시스트의 고질적인 병이 드러나 사람들로

부터 지적을 받기 시작하고 자신의 이기적인 행동이 배척당하기 시작하면 나르시시스트는 그들을 심하게 경멸하면서 관계를 끊어버린다. 나르시시스트는 본능적으로 사람들한테 사랑과 인정을 받고 싶어 하고 자신을 멋지게 꾸미고 있으며, 사람들한테 호감을 사는 법도 잘 알고 있어서 처음에 관계를 시작할 때는 아주 친절하고 사교적인 사람처럼 보인다. 물론 그것을 위해서라면 거짓말이나 가식적인 행동을 마다하지 않는다. 그러나 시간이 흐르고 관계가 깊어져 차츰 그들의 본색이 드러나기 시작할 때쯤이면 일부 사람들은 이미 그들의 포로가 되어 있고 나머지 사람들은 무서움에 질려 그들을 피하거나 도망치게 되는 것이다.

대인관계에서 나르시시스트가 바라는 바는 오직 자기의 이익과 뜻을 관철하는 것뿐이다. 그래서 그들은 남들을 이용하고 조종해 자기가 원하는 것을 얻는 데에만 몰두한다. 게다가 나르시시스트는 자신만을 사랑하는, 즉 온 세상이 자신만을 사랑해 주기를 바라는 존재이므로 결코 타인들을 사랑할 수 없으며 타인들의 마음에 공감할수도 없다. 즉 그들은 모든 것이 자기중심적이고 공감능력이나 타인의 처지를 이해하는 능력도 턱없이 부족하므로 남을 동정하고 배려하거나 사랑할 줄 모르는 것이다.

나르시시스트는 사사건건 모든 것을 자기 뜻대로만 하려고 드는데 그것을 위해서는 강압적인 태도로 윽박지르기, 고집스럽게 따지고 들어 지치게 하기, 거짓말과 사탕발림으로 동의 구하기, 남을 비방 중상하기, 협조를 거부하기와 같은 수법들을 총동원한다. 이 중에서 나르시시스트가 가장 일관성 있게 그리고 주요하게 사용하는 수법은 끊임없는 ‘비난’과 ‘신경질’이다.

나르시시스트는 남을 비난하는 데는 도가 튼 달인들이다. 물론 그들은 상대방을 능숙하게 조종하기 위해 가끔은 칭찬도 해 주고 추어올려 주기도 하는 식으로 적절하게 양념도 친다. 그러나 그런 양념은 끊임없는 비난에 비하면 새 발의 피일 뿐이다. 일을 마치고 집에 돌아온 한 나르시시스트 남편은 마룻바닥에 있는 머리카락과 티끌을 가리키며 “나는 하루 종일 밖에서 고생하다 왔는데, 집안청소 하나 제대로 안 해놓는단 말이야?”라고 하며 아내를 마구 비난했다. 그런 비난에 시달리던 아내는 어느 날 죽기 살기로 청소를 해놓고는 머리카락 하나라도 떨어질까 봐 머리까지 묶은 채 남편을 맞이했다. 그러나 남편은 이번에도 역시 작은 티끌을 빌미삼아 청소상태를 트집 잡았다. 그러자 아내는 자신이 얼마나 여러 번 청소했는지 설명하며 티끌에 대해서는 “그건 당신이 들어올 때 묻어와 떨어진 거예요!”라며 화를 냈다. 그럼에도 남편은 사과는커녕 자신한테 화를 냈다면서 또 다시 아내를 비난했다. 이런 식으로 나르시시스트의 비난은 끝이 없어서 아무리 노력하더라도 그들의 비난을 멈추게 할 방법은 없다. ‘떡 하나 주면 안 잡아먹지’라고 말하며 야금야금 떡을 다 빼앗아 먹고는 할머니까지 잡아먹는 호랑이처럼 그들의 비난 하나를 모면하면 또 다른 비난이 기다리고 있을 뿐이다. 그래서 처음에는 나르시시스트의 비난을 정당한 지적이나 잔소리쯤으로 여겨 그들의 기준에 맞추기 위해 노력하던 이들도 결국엔 그들이 '생트집'을 잡고 있다는 사실을 깨닫게 된다.

심한 잔소리는 자기 마음속에 쌓여 있는 심한 분노감정의 발산일 뿐 건전한 충고나 조언과는 아무런 관련이 없다. 건전한 충고나 조언은 상대방을 위한 마음에서, 상대방이 잘되기를 바라는 마음에서 우러나오는 것이다. 따라서 충고나 조언을 하는 이는 항상 상대방이 어떻게 하면 그것을 받아들일지를 고민해 가장 좋은 방법을 사용하려고 노력한다. 비록 자기 생각에는 옳은 말이라고 해도 상대방이 접수하든 말든 상관없이, 상황에 관계없이 자기 하고 싶은 말만 해대지는 않는 것이다. 그러나 나르시시스트는 자신이 하는 잔소리를 상대방이 받아들이든 말든, 그걸 듣는 상대방의 기분이 어떻든 조금도 신경 쓰지 않는다. 그들은 타인들이나 자식들 앞에서도 보란 듯이 배우자를 비난해 권위를 깎아내리고, 자식의 친구들이 지켜보는 앞에서 자식을 공개적으로 혼내고 비난해 수치심을 느끼게 한다. 그러면서도 그저 자기 말이 구구절절 다 옳은데 왜 받아들이지 않느냐고 윽박지르고 문제는 모두 행동을 고치지 않는 너한테 있다고 우겨댈 뿐이다.

폭압적이지 않은 나르시시스트들도 타인을 조종하고 지배하는 데 '신경질'을 아주 능숙하게 이용한다. 더운 여름날 카페에서 노천에 앉으려고 하면 나르시시스트는 날씨가 덥다고 신경질을 내며 '이렇게 더운데 어떻게 밖에 앉아 있냐? 면서 에어컨이 있는 실내로 들어가자고 한다. 그래서 그의 요구대로 안으로 들어가면, 조금 후에 그 나르시시스트는 에어컨 바람이 너무 세서 춥다며 다시 신경질을 부려 상대방을 반강제로 끌고 카페를 뛰쳐나온다. 이런 식으로 나르시시스트는 타인들에게 자신의 뜻을 관철하는 수단으로 신경질을 아주 유용하게 사용한다. 다음의 사례는 신경질을 통해 자신의 요구를 관철하는 나르시시스트의 수법을 잘 보여준다.

어느 여름날 아내는 남편과 아이들한테 처음 가보는 바닷가로 놀러 가자고 제안해 차를 타고 휴양지에 도착했다. 그곳의 식당에서 식사를 마친 가족은 날이 어두워지자 식당주인의 추천을 받은 모텔을 찾아갔다. 그래서 막 방에다 짐을 풀고 있는데, 아내는 갑자기 방에 벌레가 있고 이불이 더럽다며 짜증을 내기 시작했다. 남편도 그곳이 그리 마음에 들지는 않았으나 모텔이 바닷가 바로 옆에 있어서 아이들이 좋아했기에 "시골 모텔이 다 그렇지"라고 말하며 그냥 자려고 했다. 그러자 아내는 "이렇게 더러운 곳에서는 잘 수 없다. 집으로 돌아가자"라면서 마구 신경질을 부리기 시작했다. 남편은 아침부터 차를 운전해 매우 피곤했고 길도 잘 모르는데 밤길 운전을 해 집으로 돌아가자는 주장을 쉽게 받아들일 수 없었지만, 아내의 무시무시한 신경질에 질려 화가 머리끝까지 나 아이들을 데리고 모텔을 나왔다. 자살 충동까지 느끼면서 난폭하게 차를 몰아댄 남편은 집으로 돌아가는 길을 찾지 못해 무수하게 고생을 한 끝에 겨우 집으로 돌아왔다. 다음 날 남편이 아내의 사과를 요구하자 그녀는 "그곳은 정말 더러웠단 말이야!" 하고는, "당신이 차를 거칠게 몰아 내 심장이 얼마나 놀랐는지 알기나 해?"라고 하며 오히려 남편을 비난했다.

나르시시스트와 생활을 함께하는 이들은 언제 또 비난을 들을지, 그들이 언제 또 신경질을 낼지 몰라 항상 심장이 두근두근하는 긴장 상태에서 살아간다. 나아가 시도 때도 없이, 그리고 상대방이 이해할 만한 타당한 근거도 없이 신경질을 부리고 비난을 퍼붓는 나르시시스트한테 계속 당하다 보면 자기도 모르게 '이 모든 것은 내 잘못이다', '나에게 문제가 있다'는 잘못된 신념을 갖게 되어 점점 무력감에 빠져들고 결단력을 잃게 된다. 다음은 나르시시스트 아내의 신경질과 비난에 어쩔 줄 몰라 하는 어느 남편의 하소연이다.

> "집에 가면 무슨 일이 벌어질지 도무지 예측이 안 됐습니다. 어떨 땐 정말 아무 문제가 없다고 생각했는데 아내가 아주 사소한 것에 대해서 불평을 늘어놓는 겁니다. 다음번엔 도대체 무엇 때문에 화를 낼지 도저히 예측이 안 되더군요."[7]

나르시시스트는 대인관계에서 전혀 진실하지 않아 매우 이중적이고 위선적으로 행동한다. 그들은 밖에서는 사람들에게 좋은 인상을 주고 친절하게 굴지만 집에 들어오자마자 언제 그랬냐는 듯이 그 사람들을 비난하고 비웃는다. 또한 그들은 가까운 이들에게는 냉담하게 굴고 심지어는 정서적인 학대를 일삼으면서도 다른 사람들 앞에서는 정말 좋은 사람처럼 행세한다. 집에서는 가족들한테 폭군처럼 굴면서 밖에서는 가족들을 위해 모든 것을 희생하는 헌신적인 부모로 위장하며 공치사를 하는 것, 자기 아이들은 쥐 잡듯이 대하면서 다른 아이들한테는 용돈을 주며 친절하게 구는 것, 배우자에게는 1~2만 원도 아까워하면서 일꾼들에게는 몇만 원씩 팁을 주거나 사회단체에 기부금을 내는 것 등은 나르시시스트의 전형적인 이중성을 보여주는 사례이다. 나르시시스트와 가까운 이들은 처음에는 "우리도 밖의 사람들처럼 대해줘"라고 부탁도 해보지만 나중에는 그들의 이중적인 태도에 두 손 두 발을 다 들고 자포자기하게 된다. 사회적 평판이 훌륭한 한 나르시시스트 할머니의 손자들은 "우리 할머니는 악마예요"라고 말하기도 했다.

나르시시스트는 모든 대인관계를 끊임없는 권력 다툼으로 몰고 가는 비상한 재주가 있는데, 그들은 심지어 아이들을 두고도 배우자와 경쟁하는 경향이 있다. 즉 배우자를 깎아내려 무력화시켜 아이들을 손아귀에 쥐려고 획책하며, 배우자와 자식 사이, 아이들 사이를 이간질해 지배권을 공고히 하려고 행동한다. 그 결과 나르시시스트가 있는 가정이나 직장에는 항상 암묵적인 권력 다툼이 벌어지고 크고 작은 갈등, 시기와 질투 따위가 끊이지 않는다.

나르시시스트의 대인관계는 본질적으로 모두 다 착취 관계이다.

그들은 자신의 이익을 위해 타인들을 철저하게 조종하고 이용함으로써 악독하게 착취한다. 물론 그들도 남들에게 돈이나 선심을 쓰기는 한다. 그러나 그것 역시 본질은 자신의 착취 목적 그리고 자신의 즐거움을 충족시키는 데 있다. 즉 '그들은 자기가 주고 싶은 것만 준다. 주기는 주는데 상대의 욕구나 소망은 고려하지 않고 이기적으로'[8] 준다는 말에서 알 수 있듯이 나르시시스트는 상대방을 위해 주는 게 아니라 오로지 자신을 위해서만 주는 것이다. 예를 들면 그들은 상대방이 경제적 곤경에 처해 있음을 뻔히 알면서도 그 문제는 회피한 채 모르쇠를 하며 상대방에게 푼돈을 쓰며 식사나 차를 대접하는 식으로 생색을 낸다. 그래서 나르시시스트는 경제문제에 있어서도 전혀 도움이 안 되며, 절대로 신뢰할 수 없는 사람인 경우가 대부분이다.

자기중심적인 욕구

자기 자신에게만 집착하고 몰두하는 나르시시스트의 욕구는 당연히 자기중심적이고 이기적이다. 그들은 항상 자신의 욕구만을 우선시하는 반면 타인들의 욕구에는 관심이 없으며, 그런 것쯤은 무시해도 괜찮다고 생각한다. 나르시시스트의 자기중심성은 단지 욕구만이 아니라 감정과 사고 등 모든 영역에서 일관되게 드러난다. 그들은 자신의 욕구와 소망, 감정, 사고만 중시할 뿐 상대방의 욕구나 소망, 감정, 생각 등은 고려하지 못한다. 그래서 항상 자신의 욕구나 기분, 생각이나 기준을 맨 앞에 세워 놓을 뿐 아니라 그것을 다른 사람들에게 일방적으로 강요한다. 그들은 양보와 타협 대신 노골적인 방식이든 은근한 방식이든 집요하게 타인과 환경을 자신이 원하는 대로 바꾸려고 시도한다.

나르시시스트가 가지는 대표적인 자기중심적 욕구는 다음과 같다.

① 병적인 자기애(自己愛)

나르시시스트의 관심은 온통 자기 자신에게 쏠려 있으므로 그들은 본질적으로 외부세계에 관심이 없다. 나름대로 사회생활을 하는 나르시시스트에게는 이 말이 들어맞지 않는 것처럼 생각될 수도 있다. 그러나 외부세계에 대한 그들의 관심이란 오로지 자신의 이기적인 욕구를 실현하기 위한 수단으로서만 의미가 있다. 즉 나르시시스트의 심리적 에너지는 거의 다 자기 자신에게 쏠려 있으므로 그들은 외부세계에 대한 '순수한 관심'을 가지기 어렵다.

나르시시스트도 '외부의 대상'에 대해 열정을 쏟을 수는 있는데, 이때 외부의 대상이란 자기 자신의 대체물이거나 소유물이므로 결국 그것 또한 자기에 대한 사랑이다. 자신과 동일시되는 대상(타인) 혹은 소유물에 대한 관심을 프로이트는 '자기애적 대상선택'의 결과라고 주장했다. 예를 들면 자식을 스스로와 동일시하거나 소유물로 간주해 지나치게 집착하는 부모는 실제로는 자식을 사랑하는 게 아니라 자기 자신을 사랑할 뿐이라는 것이다. 이렇게 자신에 대한 집착은 흔히 명예, 재산, 배우자, 자식, 육체적 힘, 외모, 지성, 재치

등에 대한 지나친 관심과 민감성으로 나타나곤 한다. 그렇지만 그 어떤 경우에도 나르시시스트는 자신과 관련이 없는 순수한 외부세계의 대상에 대해서는 관심이 없으며 사랑도 할 수 없다.

② 무한한 성공욕과 권력욕

나르시시스트는 성공해야만 대중의 사랑을 받을 수 있다고 믿으며, 자신을 위대한 인물이라고 착각하므로 자신이 크게 성공해야 한다고 생각한다. 그 결과 그들은 결코 만족할 줄 모르는 '무한한 성공욕구'를 가지게 된다. 이러한 성공욕은 흔히 자신이 최고의 배우자를 만나 화려하고 낭만적인 사랑을 해야 마땅하다는 과대망상으로 이어지기도 한다. 여성은 '백마 탄 왕자'를, 남성은 '절세의 미모를 가진 공주'를 원하는 식으로 이상적인 사랑을 희구하는 것이다. 나아가 나르시시스트는 단지 이상적인 이성뿐만 아니라 전반적으로 이상화인 타인(대상)에게 집착하는 경향이 있다.

권력은 자신의 우월감을 확인시켜 주는 중요한 수단이며, 자기중심적 욕구를 마음껏 실현하게 해주는 힘을 제공하므로 나르시시스트는 대체로 권력욕이 심하다. 그들은 능력 있고 힘 있는 상류층이나 명망 있는 사람들과 함께 어울리는 것, 자신을 숭배하고 찬양하는 대중들한테 떠받들리는 걸 매우 좋아한다. 또한 무제한적으로 명예, 능력, 재물, 권력, 높은 지위, 아름다움, 이상적 사랑 등을 추구하므로 그것을 실현하는 데 도움이 될 만한 인물들에게 본능적으로 접근하고 친교를 맺으려 한다. 왜냐하면 그 모든 것들이 결국 자신을 한층 높이고 돋보이게 해줌으로써 사랑받고자 하는 욕구, 이기적인 욕구를 충족시키는 데 이바지하기 때문이다. 그러나 점점 더 큰 권력을 쥐게 되더라도 나르시시스트는 타인들과 건강하고 친밀한 대인관계를 맺지 못하므로 항상 사회적, 심리적 외톨이 신세를 면할 수 없다. 즉 사회적 힘이 있거나 재능이 뛰어난 나르시시스트는 피상적으로는 유력한 사람들과 두루두루 친하게 지내는 듯하지만 진정한 친구는 단 한 명도 갖지 못해 끝 모를 외로움과 고독으로 눈물을 흘리며 살아가는 존재이다.

세상으로부터 사랑받고 인정받기를 원하는 나르시시스트의 욕구는 워낙 고질적이어서 그것을 만족시키기란 밑 빠진 독에 물 붓기처럼 불가능에 가깝다. 비유적으로 말하면 50만큼 사랑을 받아도 배가 고파 100만큼을 원하게 되고, 100만큼 사랑을 받아도 여전히 배가 차지 않아서 200만큼 사랑을 원하게 된다는 것이다. 이런 식으로 나르시시스트는 결코 만족할 줄 모르기 때문에 언제나 더 큰 인정과 보상을 추구하게 되고, 그 결과 그들은 '무한한 성공욕과 권력욕'의 포로가 된다.

③ 지나친 통제욕

나르시시스트는 줄기차게 남을 통제하려 하고 그것을 위해 다양한 방법들을 사용한다. 위장된 친절과 관심, 거짓말과 장밋빛 헛공

약, 적대감 고취와 이간질, 죄의식이나 미안함 느끼게 하기, 겁주기와 비난 등 동원할 수 있는 모든 수단을 동원해 타인을 통제하려 한다. 특히 툭하면 '넌 나한테 신세 졌어'라고 하며 생색냄으로써 상대방이 부채감을 느끼게 하는 것은 나르시시스트의 십팔번이다. 물론 자신이 신세를 진 것은 거의 언급하지 않는다. 자신과 관계를 맺었던 사람들에 대한 나르시시스트의 이야기는 모두 '나에게 큰 신세를 졌는데 은혜를 저버리고 나를 배신했다'라거나, '내 조언과 충고를 무시해 인생이 엉망이 되어버렸다'는 결론에 이르게 된다.

나르시시스트는 남에게 지시받거나 간섭받는 것을 참지 못한다. 즉 자신에 대한 아주 사소한 통제조차 허용하지 않는 것이다. 반면에 남에게 지시를 내리거나 남들의 일거수일투족까지 간섭하는 것은 아주 좋아한다. 나르시시스트는 일단 가까운 관계가 되면 아주 세세한 부분까지 참견하고 간섭한다. 예컨대 걸음걸이, 옷차림, 식사예절, 자세, 사람들과의 대화 방식, 말투, 간단한 돈 문제, 사소한 집안일 등에 대해서 일일이 간섭하고 참견한다. 만일 허락을 받지 않고 버스가 아닌 택시를 타거나 마음에 드는 물건을 구매하는 등 독자적인 행동을 시도하면 그들은 비난하거나 신경질을 냄으로써 통제권을 강화하려 한다.

나르시시스트가 지나친 통제욕을 가지는 것은 무엇보다도 타인의 통제권 아래에서는 자신의 이기적 욕구를 모두 채우기 어려워서 다른 이가 권한을 가진 것을 견디지 못해서이다. 그것은 또한 자신이 대단히 훌륭하며 특권을 가진 사람이라는 착각 속에 살고 있기에 나르시시스트는 남들의 인생을 통제하는 것이 자기 임무이며, 남들이 자신의 통제 아래 있어야만 행복해진다고 믿기 때문이다. 마지막으로 유아기 시절의 자율감이나 통제감[9] 발달과정에서 커다란 좌절을 경험했기에 그것에 과도하게 집착할 가능성도 있다.

나르시시스트는 자신의 욕구를 남의 욕구보다 훨씬 더 중요하게 여기므로 믿을 수 없을 만큼 이기적이고 독선적으로 사고하고 행동한다. 그들은 세상 사람들이 다 자기와 같을 거라는 무의식적 신념을 지니고 있고, 타인들을 깎아내리려는 동기 또한 강하므로 '비관적인 세계관'을 갖게 된다. 또한 나르시시스트의 사고는 그들이 가진 병적인 욕구의 영향을 받을 수밖에 없으므로 필연적으로 주관성과 불공정성으로 얼룩진다. 그래서 그들은 자신과 외부세계를 사실적으로, 객관적으로 인식하지 못하고 모든 것을 자기한테 유리하게 해석한다. 나아가 나르시시스트는 항상 자기중심적 욕구만을 앞세우므로 감정 기복과 변덕이 심하고 감정통제 능력이 거의 바닥 수준이다. 그들의 감정은 자신의 이기적인 욕구가 충족되느냐 아니면 방해받느냐에 따라 크게 춤을 추며, 자신의 욕구를 통제하거나 타인을 배려할 필요를 느끼지 않으므로 나르시시스트에게는 자기감정을 통제할 의사도 능력도 없다.

무엇이든지 자기 마음대로 주도하려 하고, 터무니없이 억지를 부리고 지독하게 고집이 세며, 비난과 신경질 그리고 공격성을 거침없이 드러내는 나르시시스트는 '가장 가까운 사람들의 삶을 불행하게 만드는 데 탁월한 능력을 발휘한다.'[10]

프로이트와 코헛의 이론

상당수 심리학자자가 자신의 이론적 입장에 근거해 나르시시즘을 연구해왔고 서로 간에 논쟁을 벌여왔다. 그렇지만 《자기심리학과 나르시시즘의 치료》의 저자 리처드 체식(Richard D. Chessick)의 말처럼 아직은 "나르시시즘에 대해서는 완벽한 이론이 존재하지 않는다."[11] 이런 조건에서 나르시시즘을 이론적으로 올바르게 해명하려면 무엇보다 기존의 선구적인 연구들부터 검토해볼 필요가 있을 것이다. 여기에서는 나르시시즘 연구에 크게 공헌한 프로이트와 코헛(Heinz Kohut)의 이론만을 간략하게 살펴보기로 한다.

프로이트의 이론

프로이트 이론의 중심에는 항상 성적 에너지를 의미하는 '리비도'가 있다. 그는 이 리비도의 방향 문제를 중심으로 나르시시즘 문제를 해명한다.

갓 태어난 유아(생후 2~3개월)에게는 자아 본능, 즉 자기를 보존하려는 에너지만이 존재하며 그것은 당연히 자기 자신을 향해 있다. 이후 서서히 초보적인 자아가 형성되기 시작하고 성적인 에너지(리비도)가 발생한다. 프로이트에 의하면 "성적 본능이라는 것은 처음부터 자아 본능의 만족과 결부되어 나타나는 것이며, 나중에야 그 성적 본능이 자아 본능에서 독립하게 되는 것이다."12) 이 시기에 성적 에너지는 온통 자기 자신에게 집중되어 있다. 왜냐하면 유아는 자기 자신을 탐색하기에도 바빠서 외부세계에 관심을 두기 힘들고 따라서 다른 사람을 사랑할 수가 없기 때문이다. 프로이트는 이렇게 성적 에너지가 자기 자신에게 집중되어 있는 현상을 '일차적 나르시시즘'으로 정의했는데, 이 단계는 인간발달에서 필수적으로 통과해야 하는 정상적인 과정이다.

그러나 "강한 이기주의는 병에 걸리는 것을 막아주는 하나의 보호막일 수 있다. 그러나 병에 걸리지 않기 위해서는 결국엔 사랑을 해야 한다"13)는 말처럼 마음이 건강한 정상인이라면 자기 자신만이 아니라 타인도 사랑할 수 있어야 한다. 양육자와의 지속적인 관계를 통해, 그리고 인식능력이 발전함에 따라 유아의 외부세계에 대한 관심은 점점 커진다. 따라서 성적 에너지는 자연스럽게 자기 자신으로부터 타인을 향해 방향을 전환하려고 한다.

이때 아이의 성적 에너지가 향하게 되는 외부세계의 기본 대상은 어머니(혹은 주 양육자)이다. 그러나 어머니를 향해 뻗어나가던 성적 에너지는 아버지라는 거대한 벽에 가로막힌다. 아이의 성적 에너지가 어머니를 향하면 어머니를 독점한 성적 경쟁자인 아버지의 분노를 피할 수 없다. 그래서 아이는 아버지가 자신의 남근을 가위로 잘라 버릴지도 모른다는 '거세 공포'에 시달리게 된다. 그 유명한 오이디푸스기의 갈등이 시작되는 것이다! 4~6세 경부터 본격화되는 오이디푸스 갈등으로 말미암아 어머니를 향하던 아이의 성적 에너지는 다시 방향을 180도 선회해 자기 자신을 향하게 된다. 고추가 잘리는 것보다는 그게 훨씬 나으니까. 이렇게 성적 에너지가 극적으로 유턴해 다시금 자기 자신에게 집중되는 것을 프로이트는 '이차적 나르시시즘'으로 정의했다. 이후 한동안 자기 자신을 향해 있던 성적 에너지는 아버지와의 갈등을 피하기 위해 어머니가 아닌 다른 이성을 향해 나아가게 된다. 이를 성적 에너지가 대상(타인) 또는 대상 표상으로 집중되는 '대상 사랑'이라고 한다. 만일 발달이 순조롭게 진행된다면 대상 사랑을 함으로써 사람은 이차적 나르시시즘으로부터도 최종적으로 벗어나게 된다.

프로이트에 의하면 나르시시즘적 경향은 완전히 사라질 수 없다. 왜냐하면 자기를 보존하기 위해서는 심리적 에너지의 일부가 계속 자기 자신을 향할 필요가 있기 때문이다. 태초의 근원적인 나르시시즘은 어떤 악한 것이 아니라 모든 생명체가 소유하고 있는 본능이다. 이 자아 본능, 자기보존 에너지는 생명과 직결된 것이므로 그것이 완전히 사라지면 생명체가 죽을 수 있다. 만일 모든 에너지가 외부를 향한다면, 다시 말해 자기 자신을 조금도 사랑하지 않는다면 자기를 방치하고 학대하거나 심지어는 자살을 하게 될 수도 있다는 것이다. 따라서 자기를 향한 에너지, 나르시시즘적 경향은 일정 수준에서 계속 유지되어야 한다. 한 마디로 건강한 마음을 위해서는 반드시 건강한 자기애가 필요하다. 이런 자기애적 경향 때문에 어린 시절의 나르시시즘은 자아이상(Ichideal)*에 투사됨으로써 살아남는다. 즉 어린 시절의 나르시시즘을 자아이상이라는 대체물에다 혼합하고 그것을 사랑하게 된다는 것이다.

나르시시즘적 경향은 외부의 대상에 대한 사랑, 그리고 자아이상에 대한 사랑으로 바뀌면서 색깔이 희미해지는데, 만일 이 통로들이 막히게 되면 다시 유아적 나르시시즘 상태로 퇴행하게 된다. 이 결과 탄생하는 것이 바로 나르시시즘적 인격이다.

프로이트 이론에 의하면 나르시시스트란 심리적 에너지가 자기 자신에게 집중된 사람이므로 이들은 원칙적으로 타인(대상)을 사랑할 수 없어야 한다. 그렇다면 관계에 연연해 하고 연애와 결혼을 하는 나르시시스트들은 어떻게 된 걸까? 프로이트는 비록 그들이 타인들과 관계를 맺기는 하지만 그것은 '자기애적 대상선택'에 기초한 자기애적 관계라고 주장했다. 즉 그들은 있는 그대로의 상대방을 사랑하기 때문에 대상을 선택하는 게 아니라 자신의 나르시시즘적 욕구를 실현하기 위해 대상을 선택한다는 것이다. 따라서 나르시시스트가 선택하는 대상은 '자기와 닮았거나, 과거의 자기와 닮았거나,

자기가 닮고 싶은 사람' 등이다. 이런 대상선택은 본질적으로 '타인'이 아니라 '나'를 선택하는 것이므로, 비록 자신이 누군가와 사랑에 빠져 있다는 착각을 하더라도 그것은 나르시시스트에게 있어서는 여전히 자기 자신만을 사랑하고 있는 것일 뿐이다.

프로이트는 나르시시즘을 '리비도가 자기 자신에게 집중된 것'으로 규정함으로써 나르시시즘을 이론적으로 해명하는 데 의미 있는 기여를 했다. 성욕설의 독소를 빼고 그의 주장을 현대적으로 해석해 보면 다음과 같은 교훈을 얻을 수 있다. 나르시시즘이란 심리적 에너지가 자기 자신에게 집중된 상태이며, 나르시시스트는 타인을 사랑할 수 없다. 따라서 그들은 항상 자기 사랑 혹은 사랑받기에만 몰두하며, 자기애적 대상선택을 하므로 그들의 대인관계는 자신의 이기적인 욕구를 위해 타인을 이용하는 착취적인 관계가 될 수밖에 없다.

그러나 나르시시즘에 대한 프로이트의 이론은 성욕설을 제외하더라도 여러 가지 결함을 가지고 있다.

첫째, 리비도가 자기에 집중하면 그 결과 퇴행이 일어난다는 주장은 근거가 부족하다. 프로이트는 외부 대상을 향하던 리비도가 방향을 돌려 자기 자신을 향하게 되면 유아기의 나르시시즘 상태로 퇴행한다고 가정한다. 그러나 밖을 향하던 에너지가 나를 향하게 되면 왜 퇴행이라는 결과가 생기는지는 뚜렷하게 설명하지 않고 있다. 즉 에너지의 방향전환이 '나르시시즘이 아닌 다른 정신장애로 나타날 수도 있지 않은가?'라는 의문이 제기될 수 있다.

둘째, 유아의 자기에 대한 집중은 성인의 나르시시즘과 질적으로 다르다. 설사 퇴행이 일어난다고 인정하더라도 성인의 나르시시즘을 유아의 나르시시즘과 같은 것으로 볼 수는 없다. 프로이트도 인정했듯이 정상적인 발달과정의 하나인 유아의 나르시시즘을 나쁘게 볼 이유는 전혀 없다. 유아의 나르시시즘은 성인과는 달리 '나'와 '외부 대상' 가운데 하나를 선택한 결과가 아니다. 유아는 다른 모든 것에 우선해 자기발달에 집중해야 하며 인식능력도 부족해 외부세계의 대상에 관심을 두기 힘들기 때문에 자연스럽게 '나'에 집중하는 것일 뿐이다. 즉 두 가지 중에서 하나를 선택하는 게 아니라 단지 하나뿐이어서 그 하나를 선택할 수밖에 없다는 것이다. 그러므로 이를 과연 나르시시즘이라고 정의할 수 있을지 의문이다.

만 3세쯤부터 유아는 유아적 전능감[14]을 본격적으로 드러내는데, 피아제는 이를 '자기중심성'으로, 코헛은 '자기애적 전능감'으로 명명하기도 했다. 이 시기에 유아는 육체적, 감각적, 정신적으로 비약적인 발전을 한다. 특히 유아의 사고능력은 감성적 인식단계에서 이성적 사유단계로 질적인 도약을 하기 시작한다. 그렇지만 아직까지 현실적인 외부세계에 대한 유아의 인식은 몹시 부족하다. 이런 괴리로부터 유아는 '나'를 과대평가하는 반면 '외부세계'를 과소평가하는 경향을 보이게 되고 그것은 자기중심적인 태도와 '난 무엇이든지 할 수 있어'라는 전능감으로 표현된다. 이런 맥락에서 볼 때, 주로 사고능력과 관련되는 유아적 전능감의 표현을 나르시시즘이라고 하는 것은 적당치 않으며 더욱이 그것을 성인의 나르시시즘과 유사한 것으로 보아서는 안 될 것이다. 따라서 성인의 나르시시즘은 유아적 전능감과는 특별한 관련이 없는, 서로 질적으로 다른 것으로 이해하는 것이 더 합리적이라고 생각한다.

셋째, 프로이트의 이론으로는 나르시시스트의 주요 특성 중 하나인 낮은 자신감이나 자존감을 설명할 수 없다. 나르시시스트가 자신을 과대평가하는 이면에는 항상 위태위태한 허약한 자아가 있다. 사실 과대하게 부풀려진 자아보다는 허약한 자아야말로 나르시시스트가 가지고 있는 진짜 자아라고 봐야 한다. 왜냐하면 그들은 타인의 비난이나 인정에 초연하기는커녕 오히려 그것에 목을 매기 때문이다. 따라서 나르시시즘을 이론적으로 규명하려면 '왜 자아가 허약해지고 공허해지는가?'라는 질문에 반드시 답을 해야 한다. 하지만 프로이트는 이 문제에 대해서는 별다른 설명을 하지 않은 채 나르시시스트의 과대망상에만 주목했다. 그는 외부 대상에서 철수한 리비도가 자아에 집중되면 과대망상이 나타날 수 있다고 보았다. 그리고 원시인과 어린아이에게 과대망상이 있다는 사실을 근거로 성인의 나르시시즘이 유아적 나르시시즘으로 퇴행한 것이라고 주장했다. 그렇지만 심리적 에너지가 자기 자신에게 집중되는 것과 자아의 변화 사이에 어떤 관계가 있는지는 분명하지 않다. 어쩌면 프로이트의 주장은 원인과 결과를 뒤집어 놓은 것일 수도 있다. 즉 허약해진 자아가 원인이 되어 자기 자신에게 심리적 에너지를 집중시키고 자신을 보호하기 위해 인지적으로 과대망상을 만드는 결과를 낳은 것일 수도 있다는 것이다.

프로이트주의가 가지는 근본적인 이론적 오류에 대한 논의는 이 글의 범위를 벗어나므로 생략하기로 한다.

코헛의 이론

코헛은 프로이트적 전통을 따라 나르시시즘을 '리비도가 자기에게 집중되는 것'으로 규정했다. 그러나 그는 '나르시시즘에는 별도의 발달라인이 있다'고 주장함으로써 프로이트 이론과 차별성을 드러내는데, '리비도의 발달라인'과 '나르시시즘의 발달라인'은 서로 분리되어 있다고 주장했기 때문에 그의 이론은 '이중 축 이론'으로 불리기도 한다.[15]

프로이트가 성적인 에너지(리비도)를 중심으로 나르시시즘을 연구했다면, 코헛은 자아를 중심으로 이 문제에 접근한다. 그는 자아 대신 다소 모호하게 정의되는 '자기(self)'라는 개념을 사용하는데, '자기'는 적어도 나르시시즘 문제를 다루는 데 있어서는 통상적으로 사용되는 '자아'와 크게 다르지 않다. 따라서 이 글에서는 그의 이론을 쉽게 전달하기 위해 '자기' 대신 '자아'라는 개념을 사용한다.

일차적 나르시시즘 단계의 유아는 자기애적 전능감*을 가지고 있다. 그러나 이 전능감은 부모와의 관계를 통해 또 현실인식이 발전함에 따라 불가피하게 타

* 유아적 전능감을 의미한다고 할 수 있으며, 프로이트식으로 말하면 유아적 과대망상이다.

격을 입게 된다. 이로부터 유아의 마음속에는 원초적인 '과대 자아'
와 '이상적 부모원상'이 생겨나게 된다. '과대
자아'* 혹은 과대망상적 자아는 전능감에 대
한 유아의 소망이 반영된 것으로, 자신에 대한 '과대적이고 과시적
인 이미지'이다. 충동조절을 담당하는 '이상적 부모원상'은 내 부모
가 이랬으면 하는 유아의 소망을 반영한 것으로, 유아적 전능감을
충족시켜주는 '전적으로 헌신하는 전능한 보호자'이다.

  과대 자아와 이상적 부모원상은 발달과정에서 적절하게 발전하여
하나로 통합되어야 한다. 즉 지나치게 부풀려진 과대한 자아는 나에
대한 '현실적인 인식'으로, 이상적 부모원상은 자신의 욕구를 충족
시켜주기도 하고 좌절시키기도 하는 '현실적인 부모상'으로 발전해
야 한다. 발달과정이 정상적으로 진행되면 과대 자아와 이상적 부모
원상은 각각 '포부(ambition)'와 '자아이상(가치관과 이상)'으로 발전
해 인격 안에 통합된다. 그러나 만일 부모가 아이를 잘못 양육하게
되면 과대 자아는 '변화되지 않은 형태로 남아 그것의 원초적인 목
표를 추구하려 든다.' 그 결과 나르시시스트의 특징인 자기과시적이
고 왜곡된 자아가 견고하게 고착된다. 이 대목이 프로이트와의 가장
큰 차이점인데, 코헛은 나르시시즘의 원인이 리비도의 방향이 아니
라 제대로 발달하지 못한 '자아'에 있다고 주장함으로써 자신의 이
론적 입장을 분명히 드러내고 있다.

  또한 부적절한 양육은 이상적 부모원상이 자아이상으로 발전하지

---

* 코헛은 이를 '자기애적 과대자기'로 부른다.

못하게 한다. 따라서 어른이 되어서도 여전히 이상적 부모원상을 지닌 나르시시스트는 '외부에 있는 이상화된 자기대상(selfobject)에게 무의식적으로 집착'하게 된다. 이상화된 자기대상이란 프로이트식으로 말하면 '자기가 닮고 싶은 사람'을 의미한다. 따라서 코헛 또한 나르시시스트란 '자기애적 대상선택'을 하는, 타인을 사랑할 수 없는 존재로 보았음을 알 수 있다.

코헛은 오이디푸스기의 존재는 인정하지만 발달이 정상적으로 이루어지면 '오이디푸스 콤플렉스'는 생기지 않는다고 주장했다. 즉 부모가 양육을 잘하면 오이디푸스 콤플렉스는 없고 따라서 이차적 나르시시즘도 없다는 것이다. 이런 견지에서 그는 이차적 나르시시즘의 개념은 버리고 일차적 나르시시즘이 지속적으로 변화하고 발달하는 과정을 연구했다. 그는 유아적 나르시시즘이 발달하는 과정에서 장애를 입으면 병리적인 나르시시즘이 나타나지만 그것이 정상적으로 발달해 '적절하게 변형된다면 … 정상적일 뿐 아니라, 인격성숙 측면에서 절대적인 역할'을 한다고 생각했다.

코헛의 이론을 아주 단순하게 요약해보면 다음과 같이 정리할 수 있다. 첫째, 나르시시즘의 근원적 뿌리는 유아적 전능감(프로이트의 일차적 나르시시즘)에 있다. 둘째, 유아적 전능감 때문에 유아는 자기 자신 그리고 부모에 대한 과대 이미지를 갖게 된다. 이것은 정상적 발달과정의 하나이다. 셋째, 부모의 잘못된 양육은 자신과 부모에 대한 이러한 과대 이미지를 고착시킨다. 넷째, 이 상태가 지속되면 자아가 왜곡되어 나르시시즘적 인격이 만들어진다.

코헛은 나르시시즘이 서서히 진행되어 온, 그러나 잘못된 발달의 결과라고 주장한다. 그가 나르시시즘이 어린 시절로 퇴행한 결과이거나 급성 정신장애가 아니라 오랫동안 형성되면서 굳어져 온 심리, 특히 '자아'와 관계가 있음을 논증한 것은 의미가 크다. 또한 나르시시즘적 인격 형성에 어린 시절 부모(코헛은 특히 어머니를 강조한다)의 양육이 큰 영향을 미친다는 사실을 지적한 것도 높게 평가받아야 한다.

나아가 나르시시즘에 대한 코헛의 이론은 프로이트가 간과했던 중요한 문제를 해명하고 있다. 그는 오이디푸스기에 부모가 잘못된 반응을 하면 아이는 '자존감이 매우 낮아져 이상적인 부모를 상징하는 외부대상에 끊임없이 지지를 요구하게 된다'라고 주장했다. 만일 부모로부터 적절한 지지와 격려를 받지 못하거나 지나친 처벌과 통제를 받게 된다면, 즉 단순하게 말해 부모의 사랑을 받지 못한다면 아이는 튼튼한 자아를 가지기 어렵다. 그 결과 자신감과 자존감이 낮은 아이는 부모 혹은 부모를 대신하는 이들로부터의 사랑과 인정, 지지를 간절히 원하게 된다. 코헛의 이론은 왜 나르시시스트가 낮은 자신감과 자존감을 가지게 되고 자신을 지지해주는 타인들을 간절히 원하게 되는지를 설명할 수 있다.

그러나 코헛의 이론에도 몇 가지 결함이 있다.

첫째, 나르시시스트의 자아의 본질을 과연 '과대 자아'로 볼 수 있는지 의문이다. 코헛도 인정하듯이 나르시시스트는 자신을 과대평가하고 과시하려고 하는 동시에 빈번하게 열등감이나 결핍감, 무력감 등을 드러낸다. 이런 상반되는 두 가지 측면을 과연 어떻게 이해하면 좋을까? 과연 나르시시즘적 자아의 본질은 '과대 자아'인가 아니면 '허약한 자아'인가? 비록 코헛은 '과대 자아'를 중심으로 나르시시즘 이론을 전개했지만 나르시시즘적 자아의 본질은 '허약한 자아'라는 반론이 많은 심리학자들에 의해 제기되고 있다. 현대의 나르시시즘 연구자들은 나르시시스트의 자아를 '부서지기 쉬운 자아'[16] 혹은 '달걀 껍데기처럼 부서지기 쉬운 자아'나 '연약한 자아'[17] 등으로 언급하고 있다. 이는 표현은 약간씩 다르지만 공통적으로 나르시시스트의 자아의 본질이 '허약한 자아'라는 점을 강조하고 있다.

그렇다면 나르시시스트의 허약한 자아가 왜 과대하게 부풀려진 자아, 과대망상적 자아의 겉모습을 갖게 될까? 컨버그(Otto F. Kernberg)는 약화된 자아의 방어기제가 작동하기 때문에 병적인 과대자아가 형성된다고 주장했다. "고갈되고 텅 비어 있는 자기에 대한 참을 수 없는 주관적 감정을 방어하기 위해 모든 것을 극적으로 만든다"는 말에서 알 수 있듯이, 코헛 역시 과대 자아가 허약한 자아의 방어물일 가능성을 인정하고 있다. 열등감이 심한 사람일수록 그것을 보상하기 위해 과시적 행동을 많이 하듯이, 어린 시절부터 허약한 자아를 지닌 사람은 그 자아를 방어하기 위해 한껏 부풀려진 '과대 자아'를 창조할 가능성이 클 것이다. 이런 점에서 나르시시스트의 자아는 과대하게 부풀려진 껍데기 혹은 방어막에 둘러싸여 있는 '허약한 자아'로 규정할 수 있을 것 같다. 만일 나르시시즘적 자아의 본질이 과대 자아가 아니라 허약한 자아라면 '과대 자기'를 골간으로 삼는 코헛의 나르시시즘 이론은 대폭 수정되어야 할 것이다.

둘째, 나르시시즘을 '자기(self)'라는 개념, 즉 자아 문제를 중심으로 해명하는 것에는 한계가 있다. 왜곡된 자아가 정신장애의 원인으로 작용할 가능성은 분명히 존재하지만 통상적으로 그것은 정신장애의 핵심적인 원인이 아니다. 특히 왜곡된 자아는 적어도 나르시시즘 현상에 있어서는 그것에 영향을 미치는 하나의 요인이기는 해도 그 장애의 중요 원인은 아니다. 왜냐하면 자아에 대한 정확한 개념 정의는 차치하더라도 유아기의 과대 자아와 성인 나르시시스트의 과대 자아를 같은 것으로 인정할 근거가 부족하기 때문이다. 즉 성인의 나르시시즘을 유아적 나르시시즘과 본질상 같은 것으로 이해한 프로이트와 마찬가지로 코헛이 성인의 나르시시즘을 유아기부터 존재해 온 '과대 자아' 탓으로 돌리는 것은 잘못이다. 유아기 과대 자아의 내용이 무엇이든 간에 그것이 지적으로 성숙해지는 성인이 될 때까지 본질상 변하지 않고 그대로 유지된다는 주장은 설득력이 없다. 결론적으로 말해 유아기 과대 자아와 성인 나르시시스트의 자아가 공유하는 유일한 공통점은 자아의 내용에 있는 게 아니라 그것이 현실에 비해 지나치게 부풀려져 있다는 사실뿐이다. 그렇다면 나르시시즘 현상을 해명하는 열쇠는 과대 자아 그 자체가 아니라 자아를 부풀리는 원인에 있을 것이다.

나르시시스트는 왜 자신의 허약한 자아를 방어하기 위해 과대 자아를 만들어내는가? 그들은 왜 타인의 칭찬과 인정을 받으려는 강한 욕구가 있는가? 그들은 왜 성공에 대한 과도한 욕구를 드러내는가? 심리적 에너지의 대부분이 왜 자기에게 집중되는가? 이런 질문들에 대해 모조리 유아기의 과대 자아 때문이라고 답하는 건 만족스럽지 못하다. 따라서 나르시시즘의 기본원인이 올바로 규명된다면 그것에 기초해 자아가 왜곡되는 까닭에 대해서도 올바른 이해가 가능해질 것이다.

정신장애와 관련된 다른 주제들도 그렇지만 나르시시즘을 올바로 연구하려면 심리적 에너지의 방향(프로이트)이나 자아 개념(코헛) 못지않게 욕구 문제가 반드시 다뤄져야 한다. 즉 어린 시절부터 성인기까지 본질상 변하지 않고 그대로 유지될 수 있는 것은 과대 자아* 가 아니라 해결되지 않은 욕구들일 수 있다는 사실을 직시해야 한다. 아마도 나르시시스트의 긴 인생 동안 불변하는 것은 어린 시절부터 존재해 온 부모로부터 인정받고 사랑받고 싶은 욕구, 공허하고 허약한 자아를 방어하려는 욕구들일 가능성이 크다. 그리고 그러한 불변하는 뿌리 깊은 욕구들 때문에 '심리적 에너지가 자신에게 집중'(프로이트)되고 '자아가 왜곡'(코헛)되기도 하는 것이지, 그 반대가 아니라고 보는 게 타당할 것 같다.

* 코헛이 사용한 정확한 개념을 따르자면 과대자기.

나르시시즘에 관한 최근의 심리학적 접근

카터는 "부분적으로 나르시시즘의 시작은 어린 시절에 충족되지 않은 감정적·심리적 욕구와 관련이 있다"고 강조했다. 그는 '부모에게 받지 못한 사랑', '어린 시절의 트라우마', '충족되지 못한 욕구' 등[18]을 나르시시즘의 원인으로 지목했는데, 이것들은 결국 유년기까지 해결되지 않은 욕구 문제와 관련이 있다. 특히 나르시시즘에는 부모의 사랑을 받지 못한 것, 즉 아이의 입장에서 보면 사랑에 대한 욕구의 지속적인 좌절이 결정적인 영향을 미친다.

**사랑에 대한
병적인 욕구**　　　　　애정결핍은 심리적 만병의 근원이라고 할 수 있는데, 나르시시스트 역시 심각한 애정결핍 환자이다. 카터는 타인의 감정과 욕구를 깊이 생각하지 못하는 나르시시스트의 특성을 지적하며, 이것을 '그들이 친밀감을 느낄 수 있을 만한 충분한 보살핌을 받지 못했'[19]다는 증거로 해석했다. 즉 나르시시스트는 부모의 충분한 사랑을 받지 못했기에 친밀하고 건강한 대인관계를 맺을 수 없으며, 타인을 사랑할 수 없는 존재가 되었다는 것이다.

사랑을 충분히 받은 경험은 타인을 사랑할 수 있는 능력으로 이어진다. 아이는 부모로부터 사랑을 받으면서 사람과 세상에 대한 신뢰와 관심 그리고 자신감이나 자존감 등을 획득하게 되고, 이를 기반으로 타인을 사랑할 수 있는 성숙한 인간으로 성장하게 된다. 반면에 부모로부터 사랑을 정상적으로 받지 못했다면 아이는 내내 사랑에 목말라 있는, 사랑에 굶주려 있는 결핍상태에 머무르게 될 것이다. 이런 조건에서 성장한 사람은 타인에 대한 관심이 부족할 뿐만 아니라 타인을 사랑할 능력을 갖추기 힘들다. 왜냐하면 사랑에 굶주린 이는 자기를 사랑하고 돌보기에도 너무 바빠 자기 자신에게만 집착하게 되므로 다른 사람들을 사랑할 마음의 여유를 가질 수 없기 때문이다. 그래서 나르시시스트는 본질적으로 외부세계에 대해 무관심하다. 즉 그들은 오직 자기 자신에게만 관심이 있을 뿐 타인을 포함한 외부세계에 대해서는 순수한 관심이 없고 사랑도 할 수 없다. 비록 그들도 눈을 반짝거리며 외부세계를 주시하기는 하지만 외부세계에 대한 그들의 관심이란 오로지 세상으로부터 관심과 사랑, 찬양을 받으려는 강한 욕망과만 관련이 있다. 프로이트를 비롯해 여러 심리학자가 강조해 왔던 자기 자신에 대한 '리비도 집중, 심리적 집중, 에너지 집중' 등은 모두 나르시시스트의 이런 사랑에 대한 병적인 욕구와 관련된다.

사랑을 제대로 받지 못한 아이는 부모에게 화가 많이 나 있다. 그러므로 애정결핍이 심한 나르시시스트의 마음속에는 분노감정이 많이 누적되어 있다. 또한 그들은 남들과 사랑을 나눠 가질 수 있는 마음의 여유가 없으므로 자신에게 와야 할 사랑을 빼앗아 갈지도 모를 타인들을 무섭게 시기하고 질투한다. 이때 나르시시스트의 시기와 질투는 오랫동안 누적된 분노감정의 지원을 받으므로 매우 격렬하고 공격적이다. 한편으로는 세상으로부터 사랑받기를 처절하게 원하면서도 다른 편으로는 세상을 무섭게 증오하는 나르시시스트가 끊임없이 사람들한테 잘 보이려고 애쓰는 동시에 사람들에게 계속 신경질이나 화를 내고 온 세상을 끊임없이 비난해대는 것은 당연한 귀결일 것이다.

사랑에 대한 욕구의 좌절이 나르시시즘의 핵심원인이라는 것은 분명하지만 그것만으로는 나르시시즘을 충분히 설명할 수 없다. 왜냐하면 '애정결핍'이 모두 나르시시즘으로 이어지지는 않기 때문이다. 이런 이유 때문에 최근의 심리학자들은 사랑을 받지 못한 아이에게 부모의 잘못된 양육이 더해질 때 비로소 나르시시즘이 본격화된다고 주장한다.

부모의 잘못된 양육

　　　　　　나르시시스트를 만들어내는 부모의 잘못된 양육 중 대표적인 것은 다음과 같다.

① 과잉보호와 감싸주기

'내 아이는 고통받아서는 안 된다'며 아이를 온실 속의 화초처럼 키우는 부모들이 있다. 몸에 나쁘다는 이유로 라면을 한 번도 못 먹게 하거나 위험하다는 이유로 바다수영을 한 번도 못하게 하는 극단적인 사례들이 여기에 해당한다. 아이를 과잉보호하는 부모는 대체로 '내 아이는 특별하다'라면서 무조건 아이를 감싸고도는 경향이 있다. 그들은 아이의 얼굴에 사소한 상처라도 생기면 자초지종도 듣기 전에 친구 집에 전화를 걸어 무섭게 따지며, 아이가 학교에서 당한 억울한 일을 하소연하면 당장 학교로 찾아가 선생님에게 항의하기도 한다. 그러나 과잉보호와 감싸주기는 공공의 규칙이나 기준을 따를 필요가 없으며 다른 어른들의 권위쯤은 무시해도 괜찮다고 가르치는 것과 다름없다. 따라서 이런 양육을 받은 아이는 자신이 아주 특별하다는 특권의식을 가지게 되고 항상 특별대우를 기대한다. 자신이 원하는 바를 세상이 당연히 들어주어야 한다는 불합리하고 이기적인 기대를 당연시하게 되는 것이다. 또한 이런 아이는 자신만의 기준이나 규칙을 앞세우며 공공의 기준이나 규칙을 무시하는 반사회성을 갖게 될 수도 있다. 그러나 '과잉보호와 감싸주기'라는 잘못된 양육을 받은 아이는 부모의 사랑을 받지 못한 데다 무인도나 온실 속에서 성장한 것이나 마찬가지이므로 자아가 허약해 시련을 이겨낼 힘이 몹시 부족하다.

② 지나치게 엄격한 훈육

마음 깊은 곳에서는 아이를 원하지 않거나 지극히 자기중심적이어서 어른들끼리 대화를 할 때 아기가 깨어나 울기라도 하면 몹시 귀찮아하거나 신경질을 부리고 심하게 화를 내는 부모들이 있다. 그들은 아기가 조금 자라면 아이의 나이에 맞는 욕구와 기분, 행동 등을 고려하지 않고 무조건 혼내고 야단치는 방식으로 아이의 생활을 하나에서 열까지 통제하고 관리하려 한다. 예를 들면 아이가 고집스럽게 숟가락을 붙들고 밥을 뜨다가 흘리기라도 하면 화를 벌컥 내는 식이다. 이렇게 지나치게 엄격한 태도로 아이를 통제하고 간섭하는 부모들은 흔히 '너는 아직 어려서 그런 걸 하면 안 돼', '왜 시키지도 않은 일을 하는 거야'라고 꾸짖는데, 그런 잘못된 양육은 아이의 자율감과 통제감 발달을 억누른다. 자신의 힘으로 무엇인가를 해보려고 할 때마다 혼이 나거나 처벌을 받게 되면, 아이는 독립적인 인격체가 되기를 포기한 채 부모가 기대하는 대로만 살아가는 무력한 존재가 되어버릴 것이다.

살벌한 독재자형 부모들은 틈나는 대로 아이를 비난하고, 아이를 공공장소나 친구들 앞에서도 마구 혼내는 경향이 있다. 그들은 아이가 자기와 엇서거나 사람들 앞에서 자기를 당혹스럽게 하면 무섭게 화를 내고 지나치게 나무란다. 그래서 이런 부모의 양육을 받은 아이는 부모의 비난을 피하는 데 모든 심리적 에너지를 집중하게 되는데, 그런 경향은 사람들 앞에서 혼이 나는 수치스러운 경험을 통해 더욱더 심해진다. 또한 부모로부터 계속 비난과 꾸중을 받은 아이는 '나는 무가치하다', '나는 사랑받을 가치가 없다'는 두려운 느낌에서 벗어나려고 안간힘을 쓰게 된다. 나아가 혼이 나는 것이 너무나 무서운 나머지 아이는 흠 잡힐 데 없는 완벽한 모습을 유지하고 언제나 부모가 원하는 대로 행동해야만 한다는 강박관념을 갖게 된다.

독재자 부모는 비난, 따지기, 소리 지르기, 신경질, 화, 폭력 등을 통해 자신의 뜻을 관철한다. 만일 아버지나 어머니 중 하나가 독재자라면 그(녀)는 아이뿐만 아니라 자신의 배우자에 대해서도 무소불위의 권력을 휘두를 것이다. 이런 환경에서 자라난 아이는 '목소리 큰 놈이 이긴다', '힘센 놈이 최고다!'라는 잘못된 진리를 온몸으로 체득하면서 독재자 부모를 모방하게 된다. 카터는 이에 대해 다음과 같이 지적했다.

> "자기 의견을 고집스럽게 주장하며, 자신이 비판받기 전에 남을 비판하고 공격받기 전에 공격하는 법을 배운다. … 다툼이 일어나면 더욱 깊은 관계로 발전시킬 수 있는 방식으로 해결하기보다는 이것이야말로 자신의 힘을 보여줘야 하는 기회라고 생각한다. … 거칠고 강압적으로 나가면 원하는 바를 얻는다(고 믿게 된다)."[20]

③ 상품 제조하기

체식(Chessick)은 "나르시시스트적 개인들은 대개 유년 시절에 탁월한 재능으로 경탄을 자아냈거나 위인이 되리라고 평가받았던 사람들이다. 이들은 대개 집안의 기둥으로 —독자, 특별한 자녀, 소위 천재— 가족의 기대를 충족시켜야 하는 부담을 떠안은 사람들이다"[21]

라고 강조한다. 그의 말처럼 나르시시스트는 대부분 객관적으로 뭔가 내세울 만한 장기나 재능 등을 가진 사람들이다. 이는 나르시시스트가 평범한 사람이 아니라 영화, 예술, 운동 분야의 인기스타나 학문적으로 뛰어난 전문가 혹은 추종자가 많은 정치지도자에게서 많이 발견된다는 사실을 통해서도 알 수 있다.

만일 자식을 애정결핍으로 몸부림치게 하는 부모가 아이의 외모나 성적 등에 대해서는 예외적으로 칭찬을 해주거나 남들 앞에서 자랑스러워했다면 어떨까? 혹은 그럴 때에만 반짝 관심을 보이거나 비난을 멈추었다면? 아마 아이는 그런 외모나 성적을 부모의 사랑을 획득할 수 있는 유일한 도구로 간주하게 될 것이고 그것에 지나치게 집착하게 될 것이다. 사랑을 제대로 받아본 적이 없어 내면세계가 몹시 허약하고 불안정한 아이에게는 '나는 남들로부터 사랑을 받을 수 있다', '나는 사랑을 받을 자격이 있는 사람이다'는 등의 자신감이 부족하다. 이런 아이가 내면의 충실함이 아니라 겉으로 드러나는, 눈에 잘 띄는 재능이나 성취 등을 도구 삼아 부모를 비롯한 타인의 사랑을 획득하려고 반복적으로 시도할 때 그것은 그 재능이나 성취 등에 대한 과도한 집착으로 굳어지게 된다. 즉 애정결핍으로 고통받는 아이는 세상으로부터 자신의 가치를 확인받고 애정을 쟁취하기 위한 수단으로 남들한테 내세울 수 있는 외적인 장식물에 과도하게 집착하게 되는 것이다.

어쩌면 부모의 사랑을 받을 수 있는 '도구'에 대한 집착이야말로 아이를 연예계 스타나 뛰어난 학자로 만드는 원동력이었을지도 모른다. 즉 아이를 자신을 과시하기 위한 장식물이나 돈벌이 수단으로 간주하는 부모는 계산적인 보상과 처벌을 통해 아이를 자신이 원하는 상품으로 제조해낼 수 있다는 것이다. 이런 양육을 받은 아이에게 있어서 외모나 성적에 흠집이 생기는 것은 곧 부모의 사랑, 나아가 온 세상의 사랑과 관심을 상실하는 것과 같다. 따라서 극단적인 경우에는 성형수술이나 부정행위를 통해서까지 외모나 성적을 유지하고 과시하려 하고 그것에 대한 여하한 비판에도 극도로 민감한 반응을 보이게 될 것이다. 결국 이런 환경에서 자라난 아이는 자신의 애정결핍을 극복하기 위해 자기 자신이나 자신이 가진 특정 자질이나 재능에 집착*하며 그것을 필사적으로 극대화함으로써 유명인 나르시시스트의 반열에 들어서게 된다. 그러니 뭐 하나 특별히 내세울 것 없는 아주 평범한 사람들은 애정결핍을 겪더라도 나르시시스트가 되기는 어려울 것이다.

* 이때 집착의 대상은 단지 하나가 아니라 여럿일 수도 있다.

　건강한 부모는 성적이나 인기 따위와는 상관없이 항상 자식을 사랑하고 인정해주기 때문에 아이의 내면은 자신이 가치 있는 존재라는 확신으로 튼튼하게 채워진다. 이런 아이에게 외적인 장식물은 단지 자신의 자아를 실현하기 위한 수단일 뿐 더 이상의 의미는 없다. 그러나 안타깝게도 조건부 칭찬과 지지를 통해 상품으로 제조된 아이는 화려한 스타가 되더라도 제대로 된 사랑을 받은 적이 없으므로 자신감이나 자존감이 부족한 허약한 자아를 갖게 된다.

꼬마 나르시시스트

　　　　　　심리적으로 건강하지 못한 부모는 대체로 나쁜 양육방식을 골고루 다 사용하는 편이다. 즉 어떤 부모들은 아이를 밖에서는 지나치게 과잉보호하고 감싸고, 집에서는 엄격하게 훈육하면서 통제해 자신이 원하는 상품으로 제조하려고 할 수도 있다. 이럴 때 '애어른' 혹은 '깜찍한 모범생'으로 불리기도 하는 꼬마 나르시시스트가 탄생하는데, 그런 아이는 어른들로부터 크게 환영받거나 칭찬받는 경우가 많다.

　애어른은 본질적으로 부모의 무리한 요구와 기대를 충족시키려고 안간힘을 쓰며 자란 아이들, 곧 아주 어릴 때부터 '다 큰 아이처럼' 행동하도록 강요당한 아이들이다. 이런 아이들은 칭찬과 찬사에 목말라 있어서 타인의 이목을 끄는 머리가 특출하게 발달한다.[22] 또한 기본적으로 냉담하고 까다로운 부모의 비위를 맞춰야만 그나마 사랑을 받을 수 있으므로 자기 일을 알아서 척척 처리할 만큼 조숙해지고 항상 완벽을 추구한다. 애어른은 언제나 일등을 놓치지 않고 남들의 도움을 받기 싫어해 독립적인 아이처럼 보이며, 어른들이 좋아할 말과 행동만을 하므로 어른들에게는 아주 매력적이고 모범적인 아이로 평가받는다. 그러나 '어른처럼 말하는 꼬마'인 애어른은 반드시 승리와 성공만을 원하므로 좌절이 예상되는 상황은 능숙하게 회피하고 '일단 당황하게 되면 무섭게 고함을 치고, 흐느껴 울고, 심지어 공격적으로 욕설을 퍼붓기까지 한다.' 또한 남보다 우월하다

는 평가를 받기 위해 안간힘을 쓰고, 자기에게 없는 것들을 가진 타인들을 시기한다.[23]

보통 애어른은 이기적이고 속물적인, 그러나 부도덕하거나 반사회적이지는 않은 부모들이 만들어낸다. 반면에 부도덕하거나 반사회적인 부모들은 모범생 스타일의 꼬마 나르시시스트가 아니라 밥맛없는 천방지축형의 꼬마 나르시시스트를 탄생시킨다. 대체로 인격적으로 심각한 하자가 있고 부도덕하기 그지없으나 권력이나 재력이 막강해서 아이의 기를 잔뜩 살려주는 부모들이 여기에 해당한다. 아들이 매를 맞고 들어오자 조폭들을 동원해 자기 아들을 때린 사람들을 붙잡아 보복 폭행해주는 부자 아버지의 양육태도를 떠올려보면 될 것이다.

나르시시스트는 하루아침에 만들어지지 않는다. 코헛을 비롯한 여러 심리학자의 주장처럼 나르시시즘적 인격은 어린 시절부터 시작되어 장기간에 걸쳐 점차 굳어진다. 따라서 그들의 욕망은 뿌리가 깊고 무의식적이며, 그들의 허약한 자아와 그것을 방어하기 위한 과대망상적 보호막(혹은 과대망상적 자아) 또한 견고하다. 하지만 나르시시스트는 참으로 불쌍한 사람들이다. 그들은 세상과 관계를 맺지 못하고 영원히 자기 자신이라는 감옥에 갇혀 있어야만 하는 죄수이며, 타인을 사랑할 수 없기에 결국 자기 자신도 올바로 사랑할 수 없는 자기 파괴적인 존재이다. 나르시시스트는 설혹 수많은 사람한테 떠받들리고 그들 속에 묻혀 있어도 '나'라는 울타리를 벗어나지 못해 늘 혼자 살아야만 하는 완벽한 외톨이일 뿐이다.

나르시시즘의 진단과 치료

처음에는 참으로 친절했던 누군가가 사이가 가까워진 후부터 계속 자신한테 화를 내거나 비난을 해대면 사람들은 그가 왜 그런 행동을 하는지를 알고 싶어 한다. 또 처음에는 그럴 만한 이유가 있으니까 그러는 것이라고 너그럽게 이해해주려 한다. 그래서 나르시시스트와 같이 생활하는 초기에는 자신이 그의 까다로운 기분을 잘 맞춰주면 결국 그도 다시 상냥하고 친절해질 것이라 믿고 열심히 노력한다. 하지만 그런 눈물겨운 노력은 아무런 소용이 없다. 왜냐하면 나르시시스트의 괴팍함과 고약함은 보통 사람의 상식이나 기준으로는 도저히 이해할 수 없는 자기중심적이고 병적인 원인에 의한 것이기 때문이다.

나르시시스트로부터
스스로를 보호하라　　　나르시시스트는 자신의 이기적인 목적을 위해 주변 사람들을 통제하고 조종하려 하며, 상대방의 흠을 잡아 줄기차게 비난을 퍼붓고 신경질을 부리며 화를 낸다. 그들은 주변 사람들을 너무나 불편하고 두렵게 만들기 때문에 나르시시스트와 함께 생활하는 사람들은 항상 긴장상태에 있고 지나치게 방어적이 되어 매사에 눈치를 보게 된다. 한 나르시시스트의 배우자는 상대방이 날카롭게 소리를 질러대며 극도로 신경질을 부릴 때면 귀를 틀어막고 '어떻게 이 세상에 저런 사람이 존재할 수 있을까?', '우리 집이 바로 지옥이다'라고 마음속으로 외쳤다고 한다.

이런 끔찍하고 두려운 경험을 한 사람들은 나르시시스트가 화를 내거나 비난할까 무서워 속마음을 드러내지 못하고 의도하지 않은 거짓말까지 하게 되며, 그들의 예리한 창끝을 피하기 위해 내부검열을 하느라 바짝 신경을 쓰며 살아가게 된다. 이렇게 '나르시시스트의 요구에 어떻게 대응할지 계산해야 하는 끊임없는 전쟁, 그리고 실수 하나에도 비웃음을 사고 꾸지람을 듣고 수정을 당해야 하는 분위기는 주변 사람들의 정신건강을 해친다.'[24] 나르시시스트에게 혼나지 않기 위해, 그들의 비위를 맞추기 위해 아주 작은 것까지 조심하느라 주변 사람들은 점점 심신이 지치고 피곤해져 파김치가 되어 간다. 게다가 나르시시스트의 가족들은 그와 함께 사람들을 만나거나 공공장소에 갈 때면 그가 또 자기 멋대로 무례하게 행동할까봐, 남들 앞에서 가족들을 혼내고 비난할까봐 노심초사한다.

나르시시스트에게 시달리는 사람들은 두 가지 잘못된 길로 들어설 수 있다.

첫째는 '타협을 통한 거짓 평화'를 선택하는 것이다. 그들에게 맞섰다가는 격렬한 전쟁을 피할 수 없기에 사람들은 갈등을 회피하기 위해 굴복하는 길을 택하기 쉽다. 즉 상대방을 화나게 하지 않겠다는 이유만으로 수도 없이 자신을 버리고 나르시시스트의 눈치를 보며 그의 기준과 규칙, 기분에 맞춰주는 것이다. 특히 공개적인 장소에서 나르시시스트로부터 큰 소리로 혼이 나거나 비난을 들으면 화가 나더라도 남들 앞에서 큰 싸움을 벌이게 될까봐 맞대응하지 못하는 경우가 많다. 잘 아는 사람이 운영하는 식당에서 "아직 그런 것도 몰라?"라는 아내의 비난을 들은 남편은 화가 나서 "모른다"라고 대답했다. 그러자 아내는 갑자기 화를 내며 "모르면 배워!"라고 크게 소리를 질렀다. 이 돌발적인 사태에 식당주인과 손님들이 놀라서 눈을 동그랗게 뜨고 쳐다보자 남편은 얼굴이 화끈거렸고 화가 머리끝까지 치솟았지만 자신이 반박했다가는 큰 싸움이 날 판이어서 꾹 참는다. 이런 식으로 나르시시스트는 사람들을 아랑곳하지 않고 마음 내키는 대로 행동할 수 있지만 보통 사람들은 그렇지 못하다. 그래서 나르시시스트와 함께 생활하는 이들은 되도록 갈등이 생기지 않게 하려고 그들에게 자신을 맞추게 되고 어지간한 것은 다 참게 된다.

둘째는 나르시시스트에게 자기도 모르게 세뇌되거나 동조하는 것이다. 자기반성이라고는 털끝만큼도 없이 남 탓만 하는 나르시시스트한테 쉴 새 없이 비난을 받다 보면 어느새 '나한테 뭔가 문제가 있다'는 잘못된 신념을 지닐 수 있다. 부당하게 박해를 하는 사람이나 권력에 당당하게 맞서지 못하면 커다란 심리적 고통을 피할 수 없는

데, 이를 모면하기 위해 사람들은 종종 '합리화'라는 방어기제를 사용한다. 즉 가해자의 잘못을 논하게 되면 그에게 맞서지 못하는 자신의 비겁함과 무력함을 직시해야 하므로, 차라리 '내가 당할 만하니까 당하는 것이다'라고 내 탓을 해버리는 것이다. 그래서 나르시시스트한테 학대당하고 착취당하면서도 '기분이 나쁠 때가 자주 있긴 하지만 사실 그는 좋은 사람이야', '좀 까다롭긴 하지만 그녀는 나를 사랑해', '천재들은 원래 좀 예민하잖아'라고 하며 상대방을 옹호하는 이들도 있다.

나르시시스트는 항상 큰소리를 땅땅 치며 자기과시를 하는데, 사람들은 이런 모습을 자신감이나 당당함의 표현으로 오해할 수 있다. 특히 사회적으로 성공한 명망가나 전문가가 이런 행동을 하면 아주 멋지게 보이기도 한다. 그래서 어디에서나 그 누구에게도 주눅 들지 않고 항상 위풍당당한 그들을 따라 배우려고 노력하게 되는데, 그것은 결과적으로 안하무인과 오만무례함을 학습하는 결과가 되기 십상이다. 나르시시스트는 가까운 이들에게 '그건 너의 권리야'라고 부추기면서 자신처럼 행동하도록 가르치기도 하는데, 그의 말을 들었다가는 사람들로부터 '저 사람 왜 저렇게 건방져졌니?'라는 악평을 듣게 될 것이다. 나아가 정신을 바짝 차리지 않으면 온 세상을 싸잡아 비난하고 험담을 늘어놓는 나르시시스트의 분노감과 경멸감은 가까운 주변 사람들에게 쉽게 전염될 수 있다. 물론 나르시시스트의 부당함에 맞서지 못할수록 세뇌와 동조는 더욱 심각해질 것이다.

나르시시스트를 상대하는 것은 너무 벅찬 일이기 때문에 사람들은 단지 논쟁을 끝내고 평온을 찾기 위해 결국 져주고, 그들의 '기분을 상하게 하지 않으려고 무리하게 노력'하는 경우가 많다. 그러나 그것이 '바로 나르시시스트가 원하는 것'이며, 그러한 '성공을 거듭할수록 그들은 더욱 자기 요구를 만족시키려고 다른 사람을 조종하고 압박하는 전략을 고수한다.'[25] 따라서 이 악순환의 고리를 반드시 끊어야 한다.

나르시시스트에게 당하며 사는 고통스러운 삶은 '인내의 한계를 넘어서는 분노를 경험'[26]하게 하는 동시에 공포에 질려 부들부들 떠는 겁쟁이가 되게 한다. 즉 나르시시스트는 그 어떤 사람에게서도 경험해보지 못한 엄청난 분노를 끓어오르게 하고 무의식 깊숙한 곳에 두려움을 심어 놓는 것이다. 커다란 분노는 때로는 거칠게 폭발하기도 하지만 보통은 공격성, 반항심, 끊임없는 좌절감, 우울감, 무력감 등으로 표현된다. 그리고 두려움은 방어적인 태도나 초조감, 긴장, 조바심, 광범위한 불안 등으로 나타날 수 있다.

나르시시스트로부터 스스로를 보호하려면 다음과 같은 원칙들을 고수해야 한다.

① 나르시시스트의 허락이나 인정을 구하지 마라

나르시시스트는 상대방의 전반적인 삶뿐만 아니라 일거수일투족까지 통제하고 지배하므로 그들과 함께 생활하는 사람은 아주 작은 일에서조차 그들에게 허락을 받거나 인정을 구하는 데 습관화되어 있다. 즉 자기도 모르게 무슨 일을 하든 '나르시시스트의 협조와 동의를 구하는 것이 우선이라고 생각'[27]하는 것이다. 그러나 이것은 자신의 주체성과 권리를 포기하는 것이고 자신의 삶을 나르시시스트에게 송두리째 헌납하는 것과 다름없다. 우리는 나르시시스트를 인정할 필요도 없고 나르시시스트의 인정을 받을 필요도 없다. 나르시시스트 외에도 우리를 인정해줄 사람들은 세상에 무수하게 많다. 그 누구에게나 자신이 원하는 대로, 자신이 옳다고 믿는 대로 살아갈 천부적인 자유와 권리가 있다.

② 나르시시스트의 부당한 지배를 허용하지 말자

'참을 인(忍)자 세 번이면 살인도 면한다'는 진리는 적어도 나르시시스트들에게는 해당되지 않는다. 그들과의 관계에서는 '참을 인'이 쌓일수록 상대방은 몸과 마음이 병들어 가고 점점 무가치하고 무력해질 것이다. 게다가 그것은 나르시시스트들에게 날개를 달아줘 그들로 하여금 더 많은 이웃을 학대하고 착취하라고 동의하고 부추기는 역할만 하게 될 것이다. 따라서 우리는 나르시시스트들의 부당함과 타협하지 말고 그들에게 단호하게 맞서야 한다. 나르시시스트가 우리의 인생과 운명을 지배하도록 허용하지 말자.

나르시시스트에게 단호하게 맞서기 시작하고 그(녀)의 지배와 통제에서 벗어나려고 시도하면 그(녀)는 화를 내고 압력을 가할 것이다. 그러나 이러한 일시적인 불편함과 긴장을 감내하지 못해 그들에게 굴복하면 우리는 영원히 나르시시스트의 손아귀에서 벗어나지 못한다. 다만, 이때 나르시시스트를 공격적으로 대하거나 화를 내지 않도록 주의해야 한다. 그들은 사소한 비판에도 아주 민감해 공격적인 반응으로 화답하므로 공격이나 화는 나르시시스트를 한층 더 격분시킬 뿐이다. 게다가 그들은 상대방의 분노가 폭발할 때 나올 수 있는 실책을 꼬투리 잡아 자신을 합리화하고 상대방을 비난하는 데 일가견이 있다. 따라서 어렵기는 하지만 나르시시스트에게는 온화하면서도 단호한 태도로 맞서는 게 가장 효과적이다.

③ 나르시시스트와 거리를 유지하라

때로는 과감한 관계단절과 독립적인 생활영역의 구축이 나르시시스트로부터 벗어날 수 있는 유일한 출구이기도 하다. 그러나 그들과 완전히 관계를 끊을 수 없는 조건이라면 심리적으로, 정서적으로 거리를 두기 위해 노력해야 한다. 즉 그들에게 의존하거나 연연하지 말아야 하고 그들의 내정간섭을 허용하지 않으면서 자신만의 인생을 개척해 나가야 한다. 나르시시스트와의 오랜 부대낌은 스스로에 대한 신뢰감이나 자신감 등을 크게 손상시켰을 것이다. 따라서 자신의 잠재력을 믿고 자신을 위하면서 사회적으로 가치 있는 존재가 되기 위해 스스로의 인격과 능력을 개발해야 한다.

④ 건강한 사회적 관계를 형성하라

나르시시스트의 감언이설과 현란한 말솜씨 때문에 그에 대한 판단이 이리저리 흔들릴 수 있다. 어떨 때는 그가 악마처럼 느껴지다가도 또 어떨 때는 단지 신경질적이고 예민한 사람처럼 다가오기도 하는 것이다. 따라서 나르시시스트가 또 그와의 관계가 건강하지 않다는 사실을 명확히 자각하려면 '건강한 관계'라는 준거 틀이 필요하다. 병적인 인간관계 속에서 살아온 사람은 그것이 정상이라고 착각하기 때문에 평생 병적인 관계만 맺으면서 인생을 허비하는 경향이 있다. 반면에 건강한 인간관계 속에서 살아온 사람은 병적인 사람이나 관계를 금방 포착할 수 있어서 그것에 거의 휘둘리지 않는다. 단 하나의 건강한 관계조차 가지기 어려운 것이 오늘날의 우울한 현실이긴 하지만 그래도 적극적으로 노력하면 그런 관계를 확보할 수 있을 것이다. 다만, 장기간에 걸쳐 나르시시스트의 지배를 허용해온 사람이라면 자신의 심리적 문제를 반드시 들여다볼 필요가 있다. 왜냐하면 자신이 심리적으로 건강했다면 쉽사리 나르시시스트의 마수에 걸려들지는 않았을 것이기 때문이다. 따라서 나머지 삶에서 똑같은 실수를 되풀이하지 않으려면 치열하게 자기분석을 하고 자신이 맺고 있는 인간관계가 정말로 건강한지를 검토하고 나서 새로운 관계를 만들어나가는 게 순서일 것이다.

나르시시스트처럼 마음이 병든 이들은 자신이 지배하고 통제하는 사람이 폭넓은 대인관계를 맺도록 허용하지 않는 편이다. 즉 그들은 의식적, 무의식적으로 상대방을 사회적으로 고립시키려고 한다. 그래서 나르시시스트와의 관계에 얽매여 있는 사람일수록 더 적극적으로 사회활동을 해야 하고 자기만의 독자적인 사회관계를 넓혀나가야 한다.

다음의 표는 나르시시스트를 감별하는 데 참고할 수 있는 기준들

나르시시스트 감별기준

1. 계속 자신을 내세우고 지나친 관심과 찬양을 원한다.
- 조연의 역할을 참지 못하고, 남이 주연을 맡으면 반드시 깎아내린다.
- 자신 혹은 스스로와 동일시되는 대상이나 소유물(무한한 성공, 명예, 권력, 재산, 배우자, 자식, 육체적 힘, 외모, 지성, 재치, 이상적인 사랑 등)에 집착한다.
- 능력 있고 멋진 상류층이나 명망 있는 사람들과 함께 어울리는 것, 자신을 숭배하고 찬양하는 대중들한테 떠받들리는 걸 매우 좋아한다.
- 화려하게 자신을 치장하고 있어서 처음에는 매력적으로 보인다.
- 자기과시와 자랑이 심하며 특권의식이 강해 특별대우를 기대한다.
- 자신의 우월성을 과시했을 때 가장 기뻐하는 반면 무시당했다고 느끼면 지나치게 화를 낸다.
- 대체로 세상 사람들을 경멸하고 무시하면서 오만무례하게 행동한다.
- 시기와 질투가 심하며 남들이 자신을 시기하고 있다고 믿는다.
- 자신은 과대평가하고 타인들은 과소평가하는 경향이 있다.

2. 비판을 수용하지 못하고 자기반성을 할 수 없다.
- 사소한 비판이나 공격에도 아주 예민하게 반응하며 부적절하게 화를 낸다.
- 자기를 비판한 사람을 증오해 그를 모욕하고 보복하려 한다.
- 진심어린 후회나 자기반성적인 말을 하는 적이 없다.
- 자기 잘못이 명백한 경우에도 변명에 급급하고 진심어린 사과를 하지 않는다.

3. 자주 신경질을 부리고 지속적으로 흠잡기와 비난을 한다.
- 조금만 기분이 나빠도 짜증을 내는 등 매사에 신경질적이다.
- 감정이 자주 변하고 심하게 오르락내리락한다.
- 자기감정을 잘 통제하지 못한다(예 : 남들이 납득할 수 없을 정도로 심하게 화를 낸다).
- 처음에는 친절하지만 관계가 긴밀해질수록 흠잡기와 비난이 심해진다.
- 상대를 지나치게 높게 평가하는 태도와 경멸하는 태도 사이를 오간다.
- 주변사람들을 긴장시키고 방어적으로 만든다.
- 주변사람들로 하여금 혼이 안 나기 위해 이것저것 계산하게 만든다.

4. 대인관계가 경쟁적, 착취적, 가학적이다.
- 독선과 고집이 심해서 무엇이든 자기 뜻대로 해야만 직성이 풀린다.
- 자신의 욕구나 기분, 기준 등을 남들에게 강요한다.
- 매우 이기적이며 남을 위하거나 배려할 줄 모른다.
- 남들의 삶에 사사건건 간섭하고 참견하면서 통제하려 한다.
- 공감능력이 부족하고 가까운 이들에게도 냉담하다.
- 상대방의 속마음을 알려고 하지 않는다(진지하게 물어보지도 않는다).
- 자신의 이기적인 목적을 위해 타인들을 이용하고 착취한다.
- 사람들 앞에서는 착한척하고 집에서는 폭군이 되는 등 이중적으로 행동한다.
- 친밀한 대인관계를 형성하지 못해 심리적, 사회적으로 고립되어 있다.

이다.

자신을 괴롭히는 사람이 정말로 나르시시스트인지 혼란스럽거나, 그런 사람을 상대하는 데 심한 어려움을 겪고 있다면 전문가와 상의하는 게 좋다. 비록 나르시시스트가 아니더라도 나르시시즘적인 특성을 많이 가지고 있다면 그 사람 역시 위험하기는 마찬가지다.

자기애적 인격장애의 치료

　　　　　　　'사람이란 누구나 변할 수 있고 선해질 수 있다'는 명제를 믿는다 하더라도 현실에서는 '나는 어떤 사람이라도 변화시킬 수 있다'는 과대망상을 버려야 한다. 건강하지 못한 인격을 소유한 사람 혹은 마음이 병든 사람을 변화시키는 것은 매우 힘들 뿐만 아니라 그것은 항상 지나친 에너지 소모를 요구하기 때문이다. 자칫 잘못하면 다른 일을 못할 정도로 단 한 명에게 자신의 에너지를 몽땅 빼앗길 수도 있으니 가능하면 마음이 병든 이들에 대한 치료는 전문가에게 맡기고 일반인들은 우선 마음이 건강한 사람들과 관계를 맺어야 한다. 즉 '변화할 의지가 없는 완고한 이들을 변화시키려고 애쓰는 악순환의 고리에서 빠져나와 자신의 감정적 에너지를 더 생산적인 데 쓰라'[28]는 것이다.

　이 세상에는 아주 가벼운 상태의 나르시시스트에서부터 중증 상태의 나르시시스트까지 다양하게 존재한다. 주위 사람들을 매우 고통스럽게 만드는 중증 나르시시스트를 임상심리학과 정신의학에서는 자기애적 인격장애(narcissistic personality disorder)로 진단한다. 이 장애의 진단기준은 다음과 같다.

자기애적 인격장애의 DSM-IV 진단기준[29]
A. 과대성(grandiosity)(공상 또는 행동상), 칭찬에의 갈망, 감정이입(empathy)의 부족이 광범위한 양상으로 있고 이는 청년기에 시작되며 여러 상황에서

나타나고, 다음 중 다섯 가지(또는 그 이상) 항목으로 나타난다.

(1) 자신의 중요성을 과대하게 느낀다(예: 성취와 능력을 과장한다. 적절한 성취 없이 특별대우 받는 것을 기대한다).
(2) 무한한 성공, 권력, 명석함, 아름다움, 이상적인 사랑과 같은 공상에 몰두한다.
(3) 자신의 문제는 특별하고 특이해서 다른 특별한 높은 지위의 사람(또는 기관)만이 그것을 이해할 수 있고 또는 관련해야 한다고 믿는다.
(4) 과도한 칭찬을 요구한다.
(5) 특별한 자격이 있는 것 같은 느낌을 받는다. 즉, 특별히 호의적인 대우를 받기를, 자신의 기대에 자동적으로 순응하기를 불합리하게 기대한다.
(6) 대인관계가 착취적이다. 즉, 자신의 목적을 달성하기 위해서 타인을 이용한다.
(7) 감정이입의 결여 : 타인의 느낌이나 요구를 인식하거나 확인하려 하지 않는다.
(8) 다른 사람을 자주 부러워하거나 다른 사람이 자신을 시기하고 있다고 믿는다.
(9) 오만하고 건방진 행동이나 태도

정확히 말하자면 '자기애(自己愛)'란 건강한 인격을 위해서는 반드시 필요한 것이므로, 나르시시즘은 자기애보다는 '자아도취'나 '자아집착' 등으로 번역하는 게 더 나을 것이다. 서구사회에서는 자기애적 인격장애자의 비율이 1퍼센트, 즉 100명 중 1명 정도라고 보고되고 있다.

만일 개인적인 영역에서, 예컨대 직장이나 사회조직에서 직속상사로 중증 나르시시스트를 만나게 된다면 '이제, 죽었구나' 하고 마음을 비우고 생활하든가 다른 곳으로 옮기려는 필사의 노력을 해야한다. 그게 아니라면 동료들과 힘을 합쳐 그를 징벌함으로써 강제적으로 치유 기회를 제공해주어야 할 것이다. 물론 애인이나 배우자로 나르시시스트를 만나는 것은 절대적으로 피해야 한다. 앞에서도 강조했듯이 나르시시스트의 치료는 연인이나 배우자가 아니라 전문가에게 맡겨야 하기 때문이다.

병인(病因)이 오래되고 지독하게 방어적인 나르시시스트, 자기애적 인격장애자에 대한 치료는 매우 어렵다. 나르시시스트는 기본적으로 허약한 자아를 가진 방어적인 사람이면서도 자신을 대단히 훌륭하고 완벽한 인물로 착각하고 있으므로 치료를 받으려는 동기가 매우 부족하고 치료에 대한 저항도 심하다. 따라서 겉으로 드러나는 증상만 건드리는 행동치료 혹은 논박을 사용하는 인지−행동치료는 효과가 거의 없을 뿐 아니라 오히려 치료에 대한 저항만을 심화시킬 수 있다. 또한 잘못된 해석을 전달할 우려가 있는 전통적인 정신분석 치료나 과감한 직면을 위주로 하는 치료 등도 별 도움이 안 된다. 현재로서는 깊은 공감과 정서적 지지를 제공해 환자의 방어막을 해제하고 자아를 강화시키면서 나르시시즘의 원인을 정확히 파헤쳐 스스로 깨닫고 인정하게 하는 치료가 그나마 효과적일 것으로 인정되고 있다. 아무튼 전혀 불가능한 것은 아니지만 대개 나르시시스트는 바뀌지 않으며 치료가 거의 되지 않는다.

나르시시스트가 사회적인 힘을 소유하게 되면 그 사회적 폐해는 이루 말할 수 없이 심각해진다. 상류층이나 지배층에 포진해 있는 나르시시스트는 그것이 권력이든 재산이든 재능이든 남들한테 뭔가 내세울 만한 특출한 것을 소유하고 있고 그것을 밑천 삼아 카리스마를 발휘하며 독재적으로 행동한다. 게다가 힘 있고 능력 있는 나르시시스트 주위에는 항상 떡고물을 받아먹기 위한 출세꾼들, 그들의 후광에 기대어 사익을 취하려는 큰손들, 의존심과 허영심 따위로 병든 환자들이 우글거리게 마련이다. 나르시시스트 주위에 건강한 인격자가 존재하기란 태양에서 얼음을 찾는 것만큼이나 불가능에 가까운 일이다.

거대한 권력이나 부는 나르시시스트의 과대망상이나 아집 같은 병의 증상을 극대화시키고 그것은 자신과 주변 추종자들의 병세를 한층 악화시켜 그들 사이의 관계를 더욱 병적으로 만들어간다. 만일 이런 병적인 나르시시스트를 중심으로 한 환자집단이 권력의 중심을 장악하게 되면, 그 악영향이 전 사회에 미치게 된다. 즉 사회의 모든 구성원이 커다란 고통을 겪어야만 하는 참혹한 상황을 맞이하게 되는 것이다. 그러므로 세상 사람들은 나르시시스트가 지나친 힘을 갖지 못하도록 사전에 강력히 예방해야 한다. 나르시시스트를 견제하고 그들에게 더 이상의 살상무기를 제공해주지 않는 것이 스스로를 보호하기 위한 평범한 사람들의 절박한 임무인 것이다.

| 사이코패스 |

1) 마사 스타우트, 《당신 옆의 소시오패스》, 김윤창 옮김(산눈, 2008), 21쪽.

2) 김태형, 《새로 쓴 심리학》(세창출판사, 2009), 54쪽.

3) '감정'에 대해서는 《새로 쓴 심리학》 56~60쪽을 참조.

4) 헨리 글라이트만, 《심리학》, 장현갑 외 옮김(시그마프레스, 1999), 1028~1029쪽.

5) 폴 바비악·로버트 D. 헤어, 《직장으로 간 사이코패스》, 이경식 옮김(랜덤하우스
   코리아, 2007), 263쪽.

6) 표창원, 《한국의 연쇄살인》(랜덤하우스코리아, 2005), 386쪽.

7) 로버트 D. 헤어, 《진단명: 사이코패스》, 조은경·황정하 옮김(바다출판사, 2005),
   93쪽

8) 위의 책. 219쪽.

9) '기본감정'에 대해서는 《새로 쓴 심리학》 63쪽을 참조.

10) 윤가현 외, 《심리학의 이해》(학지사, 2007), 246쪽.

11) 김태형, 《새로 쓴 심리학》(세창출판사, 2009), 427쪽.

12) 로버트 D. 헤어, 《진단명: 사이코패스》, 조은경·황정하 옮김(바다출판사, 2005),
    93쪽.

13) 위의 책. 94쪽.

14) '감정의 종류와 개인차'에 대해서는 《새로 쓴 심리학》 60~62쪽을 참조.

15) 로버트 D. 헤어, 《진단명: 사이코패스》, 조은경·황정하 옮김(바다출판사, 2005),
    105쪽.

16) 표창원, 《한국의 연쇄살인》(랜덤하우스코리아, 2005), 314쪽.

17) 폴 바비악·로버트 D. 헤어, 《직장으로 간 사이코패스》, 이경식 옮김(랜덤하우
    스코리아, 2007), 111쪽.

18) 표창원,《한국의 연쇄살인》(랜덤하우스코리아, 2005), 394쪽.

19) 마사 스타우트,《당신 옆의 소시오패스》, 김윤창 옮김(산눈, 2008), 81쪽.

20) 위의 책. 48~49쪽.

21) '양심 개념'에 대해서는《새로 쓴 심리학》85쪽을 참조.

22) 김태형,《새로 쓴 심리학》(세창출판사, 2009), 427쪽.

23) 마사 스타우트,《당신 옆의 소시오패스》, 김윤창 옮김(산눈, 2008), 27쪽.

24) 로버트 D. 헤어,《진단명: 사이코패스》, 조은경·황정하 옮김(바다출판사, 2005), 76쪽.

25) 〈14년만에 들통난 패륜 … 공소시효 1년 남기고 붙잡혀〉,《경향신문》, 2008. 4. 15.

26) '공감능력'에 대해서는《새로 쓴 심리학》86쪽을 참조.

27) 로버트 D. 헤어,《진단명: 사이코패스》, 조은경·황정하 옮김(바다출판사, 2005), 80쪽.

28) 표창원,《한국의 연쇄살인》(랜덤하우스코리아, 2005), 314쪽.

29) 로버트 D. 헤어,《진단명: 사이코패스》, 조은경·황정하 옮김(바다출판사, 2005), 144쪽.

30) 표창원,《한국의 연쇄살인》(랜덤하우스코리아, 2005), 391쪽.

31) '사회적 욕구와 요구'에 대해서는《새로 쓴 심리학》77~111쪽을 참조.

32) 폴 바비악·로버트 D. 헤어,《직장으로 간 사이코패스》, 이경식 옮김(랜덤하우스코리아, 2007), 264쪽.

33) 로버트 D. 헤어,《진단명: 사이코패스》, 조은경·황정하 옮김(바다출판사, 2005), 145~146쪽.

34) 위의 책. 103쪽.

35) 위의 책. 146쪽.

36) 표창원,《한국의 연쇄살인》(랜덤하우스코리아, 2005), 390쪽.

37) 로버트 D. 헤어,《진단명: 사이코패스》, 조은경·황정하 옮김(바다출판사, 2005), 215쪽.

38) 위의 책. 217쪽.

39) 위의 책. 207쪽.

40) 마사 스타우트, 《당신 옆의 소시오패스》, 김윤창 옮김(산눈, 2008), 23쪽.

41) 폴 바비악 · 로버트 D. 헤어, 《직장으로 간 사이코패스》, 이경식 옮김(랜덤하우
스코리아, 2007), 86쪽.

42) 표창원, 《한국의 연쇄살인》(랜덤하우스코리아, 2005), 388쪽.

43) 위의 책. 58/368/389쪽.

44) 마사 스타우트, 《당신 옆의 소시오패스》, 김윤창 옮김(산눈, 2008), 31쪽.

45) 위의 책. 87쪽.

46) 인지부조화 이론과 그 해결책으로서의 합리화에 대한 논의는 《새로 쓴 심리
학》 367~370쪽, 《스키너의 심리상자 닫기》 제5장 〈 '인지부조화에 직면한 페스
팅거' 〉 편을 참조.

47) 표창원, 《한국의 연쇄살인》(랜덤하우스코리아, 2005), 375/387쪽.

48) 폴 바비악 · 로버트 D. 헤어, 《직장으로 간 사이코패스》, 이경식 옮김(랜덤하우
스코리아, 2007), 47쪽.

49) 로버트 D. 헤어, 《진단명: 사이코패스》, 조은경 · 황정하 옮김(바다출판사, 2005),
157쪽.

50) 폴 바비악 · 로버트 D. 헤어, 《직장으로 간 사이코패스》, 이경식 옮김(랜덤하우
스코리아, 2007), 142쪽.

51) 미국정신의학학회, 《정신의학, 제4판》, 이정균 외 옮김(일조각, 2005), 447쪽.

52) 폴 바비악 · 로버트 D. 헤어, 《직장으로 간 사이코패스》, 이경식 옮김(랜덤하우
스코리아, 2007), 60쪽.

53) '성격이론'에 대해서는 《새로 쓴 심리학》의 〈성격〉 편과 《성격과 심리학》을 참조.

54) 마사 스타우트, 《당신 옆의 소시오패스》, 김윤창 옮김(산눈, 2008), 185쪽.

55) 로버트 D. 헤어, 《진단명: 사이코패스》, 조은경 · 황정하 옮김(바다출판사, 2005),
213쪽.

56) 위의 책. 20쪽.

57) 위의 책. 112/249쪽.

58) 위의 책. 262쪽.

59) 폴 바비악·로버트 D. 헤어, 《직장으로 간 사이코패스》, 이경식 옮김(랜덤하우스코리아, 2007), 118쪽.

60) 로버트 D. 헤어, 《진단명: 사이코패스》, 조은경·황정하 옮김(바다출판사, 2005), 42~43쪽.

61) 표창원, 《한국의 연쇄살인》(랜덤하우스코리아, 2005), 312~312쪽.

62) 헨리 글라이트만, 《심리학》, 장현갑 외 옮김(시그마프레스, 1999), 1029쪽.

63) 마사 스타우트, 《당신 옆의 소시오패스》, 김윤창 옮김(산눈, 2008), 212쪽.

64) 로버트 D. 헤어, 《진단명: 사이코패스》, 조은경·황정하 옮김(바다출판사, 2005), 116쪽.

65) 마사 스타우트, 《당신 옆의 소시오패스》, 김윤창 옮김(산눈, 2008), 213쪽.

66) 로버트 D. 헤어, 《진단명: 사이코패스》, 조은경·황정하 옮김(바다출판사, 2005), 268쪽.

67) 헨리 글라이트만, 《심리학》, 장현갑 외 옮김(시그마프레스, 1999), 1029쪽.

68) 표창원, 《한국의 연쇄살인》(랜덤하우스코리아, 2005), 312/388쪽.

69) 김태형, 〈사이코패스에 대하여〉, 담양군민신문, 2009.2.26

70) 로버트 D. 헤어, 《진단명: 사이코패스》, 조은경·황정하 옮김(바다출판사, 2005), 194쪽.

71) 위의 책. 237/239쪽.

72) 김태형, 〈사이코패스에 대하여〉, 《담양군민신문》, 2009. 2. 26.

73) 표창원, 《한국의 연쇄살인》(랜덤하우스코리아, 2005), 376쪽.

74) 박상우, 〈돈만 아는 청소년 만든 어른들〉, 《경향신문》, 2008. 4. 24.

75) 로버트 D. 헤어, 《진단명: 사이코패스》, 조은경·황정하 옮김(바다출판사, 2005), 256쪽.

76) 위의 책. 303쪽.

77) 위의 책. 301쪽.

78) 위의 책. 253쪽.

79) 위의 책. 304쪽.

| 나르시시스트 |

1) 에리히 프롬, 《인간의 마음》, 황문수 옮김(문예출판사, 2002), 117쪽.

2) 레스 카터, 《나를 미치게 하는 너》, 황근하 옮김(삼인, 2007), 149쪽.

3) 위의 책. 28쪽.

4) 위의 책. 30쪽.

5) 위의 책. 37쪽.

6) 샌디 호치키스, 《나르시시즘의 심리학》, 이세진 옮김(교양인, 2006), 163쪽.

7) 레스 카터, 《나를 미치게 하는 너》, 황근하 옮김(삼인, 2007), 182쪽.

8) 샌디 호치키스, 《나르시시즘의 심리학》, 이세진 옮김(교양인, 2006), 191쪽.

9) '유아기의 심리적 과제'에 대해서는 《새로 쓴 심리학》 273~277쪽을 참조.

10) 레스 카터, 《나를 미치게 하는 너》, 황근하 옮김(삼인, 2007), 6쪽.

11) 리처드 체식, 《자기심리학과 나르시시즘의 치료》, 임말희 옮김(NUN, 2008), 208쪽.

12) 지그문트 프로이트, 〈나르시시즘에 관한 서론〉, 《무의식에 관하여(프로이트 전집 13)》, 윤희기 옮김(열린책들, 1998), 65쪽.

13) 위의 책. 63쪽.

14) '유아적 전능감'에 대해서는 《새로 쓴 심리학》 273~277쪽을 참조.

15) 리처드 체식, 《자기심리학과 나르시시즘의 치료》, 임말희 옮김(NUN, 2008), 88/115쪽.

16) 레스 카터, 《나를 미치게 하는 너》, 황근하 옮김(삼인, 2007), 149쪽.

17) 샌디 호치키스, 《나르시시즘의 심리학》, 이세진 옮김(교양인, 2006), 132/159쪽.

18) 레스 카터, 《나를 미치게 하는 너》, 황근하 옮김(삼인, 2007), 48쪽.

19) 위의 책. 52쪽.

20) 위의 책. 65쪽.

21) 리처드 체식, 《자기심리학과 나르시시즘의 치료》, 임말희 옮김(NUN, 2008),
　6쪽.

22) 샌디 호치키스, 《나르시시즘의 심리학》, 이세진 옮김(교양인, 2006), 113~114쪽.

23) 위의 책. 114쪽.

24) 레스 카터, 《나를 미치게 하는 너》, 황근하 옮김(삼인, 2007), 299쪽.

25) 위의 책. 143, 230쪽.

26) 위의 책. 173쪽.

27) 위의 책. 101쪽.

28) 위의 책. 239쪽.

29) 미국정신의학회, 《정신의학, 제4판》, 이정균 외 옮김(일조각, 2005), 451쪽.

- 글라이트만, 헨리, 《심리학》, 장현갑 외 옮김(시그마프레스, 1995)
- 김태형, 〈사이코패스에 대하여〉《담양군민신문》, 2009. 2. 26.
- 김태형, 《새로 쓴 심리학》(세창출판사, 2009).
- 김태형, 《성격과 심리학》(세창미디어, 2007).
- 김태형, 《스키너의 심리상자 닫기》(세창미디어, 2007).
- 로버트, D. 헤어, 《진단명: 사이코패스》, 조은경 · 황정하 옮김(바다출판사, 2005).
- 미국정신의학회, 《정신의학, 제4판》, 이정균 외 옮김(일조각, 2005).
- 바비악, 폴 · 로버트 D. 헤어, 《직장으로 간 사이코패스》, 이경식 옮김(랜덤하우스 코리아, 2008).
- 박상우, 〈돈만 아는 청소년 만든 어른들〉, 《경향신문》, 2008. 4. 24.
- 스타우트, 마사, 《당신 옆의 소시오패스》, 김윤창 옮김(산눈, 2008).
- 윤가현 외, 《심리학의 이해》(학지사, 2007).
- 체식, 리처드, 《자기심리학과 나르시시즘의 치료》, 임말희 옮김(NUN, 2008).
- 카터, 레스, 《나를 미치게 하는 너》, 황근하 옮김(삼인, 2007).
- 프로이트, 지그문트, 〈나르시시즘에 관한 서론〉, 《무의식에 관하여(프로이트 전집 13)》, 윤희기 옮김(열린책들, 1998).
- 프롬, 에리히, 《인간의 마음》, 황문수 옮김(문예출판사, 2002).
- 표창원, 《한국의 연쇄살인》(랜덤하우스코리아, 2009).
- 호치키스, 샌디, 《나르시시즘의 심리학》, 이세진 옮김(교양인, 2009).